世界と日本
がわかる
国ぐにの歴史

一冊でわかる
インド史

【監修】水島 司
Mizushima Tsukasa

JN032675

河出書房新社

はじめに

両極端の魅力を内包する

お釈迦《しゃか》様が生まれた国として、みなさんはインドに親近感を感じているのではないでしょうか。そのインドが21世紀に入り、目を見張る変貌《へんぼう》を遂《と》げ、世界をリードする国となりつつあります。都会では寝そべる牛の姿が消え、車が路上をうめ尽くし、続々と誕生するショッピングセンターには商品があふれています。その一方で、格差の大きい社会であり、宗教対立はきびしく、スラムは拡大しています。しかし、それらすべてを含めた国が、現在のインドなのです。

両極端の現実が違和感なく併存する社会は、均質な社会に生きる日本人には理解は容易ではなく、時には神秘的にも映ります。けれど、インドが世界でのプレゼンスを急速に広げ、日本との距離が縮まるなかで、その社会がどのような経緯で現在の姿となったのかを理解することは不可欠です。本書は、インドの複雑な過去を1冊にまとめたものです。広く手にとっていただくことを願っています。

監修　水島　司

知ってびっくり！

インドの4つのひみつ

初めてインド史にふれるあなたに、意外な事実を紹介します！

ひみつ1

インドには二つの国名がある!?

もしもインドへ旅行したとして、「バーラトは素敵なところだね」と現地の人に伝えると、相手は親近感を持ってくれるかもしれません。なぜなら、インドの人々の多くは自国のことを「バーラト」と呼ぶからです。じつは、このバーラトはインドの正式な国名でもあります。

→くわしくは 32 ページへ

ひみつ2

凝った装飾に緻密な意匠のヒンドゥー教寺院

寺院というと、日本の仏教寺院のように荘厳なイメージを抱くかもしれません。ヒンドゥー教の寺院も荘厳さを感じさせますが、凝った装飾と緻密《ちみつ》な意匠にも目をひかれることでしょう。とくに、南インドのミーナークシ寺院の外観は印象的です。

→くわしくは 90 ページへ

ひみつ3

ターバンを巻く人はあまり見かけない！？

いつのころからか、わたしたち日本人がイメージする典型的なインドの男性の頭には、ターバンが巻かれています。ところが、インドへ行ってもターバンを巻いている人はあまり見かけません。これは、日常的にターバンを巻いているのが、主にシク教徒だからです。

→くわしくは 163 ページへ

ひみつ4

ガーンディーのお墓がない!?

その国の偉人に思いを馳《は》せ、お墓を訪れる旅行者が多くいます。しかし、ガーンディーの慰《い》霊碑《れいひ》はありますが、お墓はありません。これはガーンディーにかぎったことではなく、ヒンドゥー教徒は教義にもとづき、死後、遺体は火葬され、遺灰はガンジス川に流されるからです。

→くわしくは 192 ページへ

さあ、インド史をたどっていこう!

目次

chapter 5 独立と分離と

chapter 6 大国としての歩み

ひみつコラム

※本書は主に『新版 南アジアを知る事典』（平凡社）の表記を参考にしています。

プロローグ

多様性に満ちた神秘の国

　この本を手に取ったあなたは、インドという国に興味を持っていることでしょう。インドといえば、カレーや仏教、ヨガという、わたしたち日本人にも身近な文物発祥の地です。最近ではＩＴ大国であることや、独特のインド式計算法、歌って踊るインド映画なども知られてきています。人々が沐浴《もくよく》に訪れるガンジス川の聖地のヴァーラーナシー、世界で最も美しい建築とされるタージ・マハルといった、インドを代表する観光地の画像や映像を目にしたことのある人も多いでしょう。

　しかし、これらの知識やイメージはインドのほんの一部にすぎません。実際にインドを訪れると、理解できないものごとがまるで洪水のように押し寄せてきます。さまざまな顔立ちや服装の人が歩き、牛が道路で寝そべり、寺院には色彩豊かな神像が並び、日本人からすると風変わりに映る儀式が行われています。なぜこうなのか、どうしてこうなったのか、理解できないシーンが目の前に出現するでしょう。

現在のインドの領土

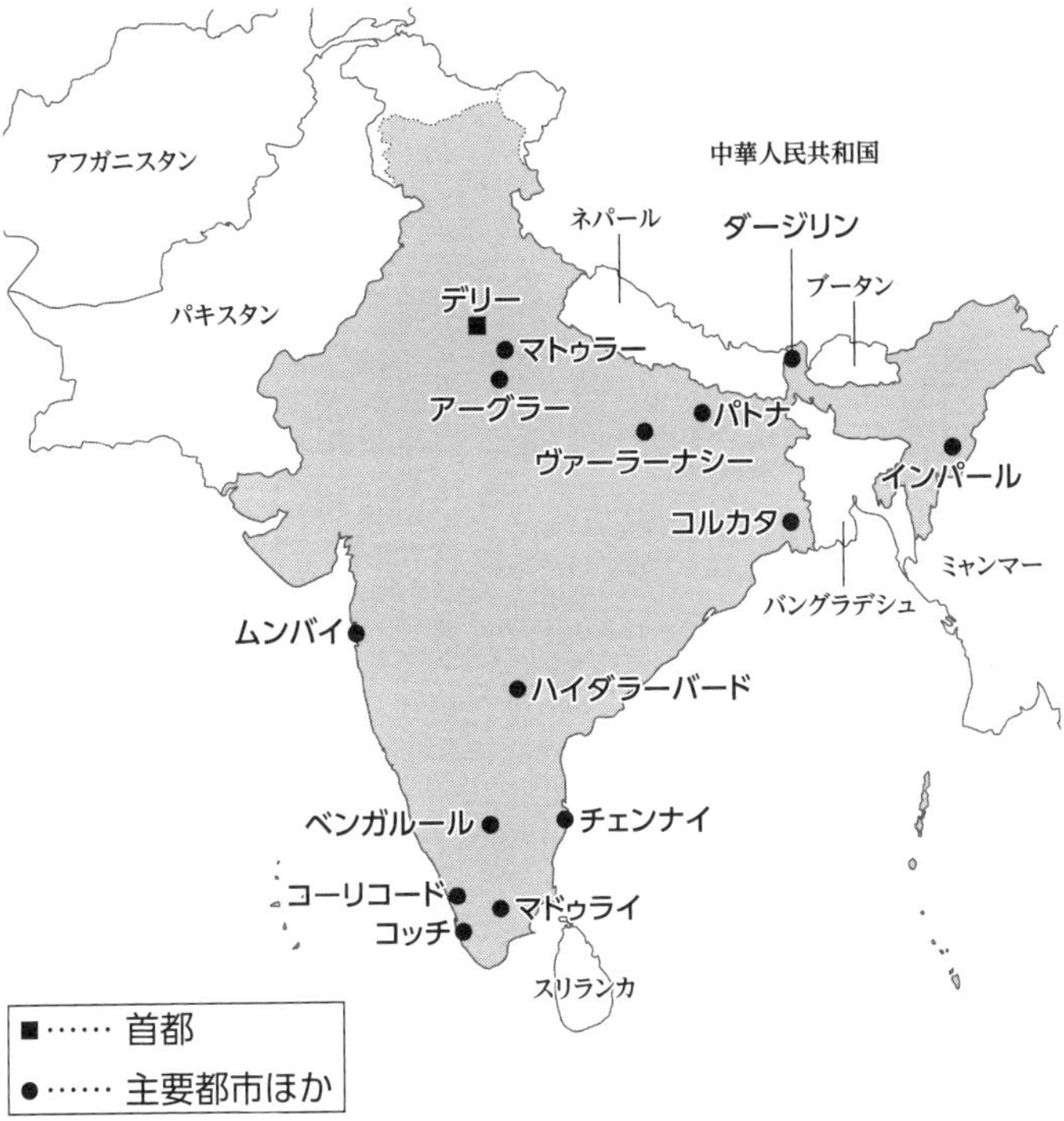

総面積	328万7469㎢
人口	約13億9300万
首都	デリー

※外務省ホームページの情報（2022年11月）にもとづく

植民地期の都市名	現在の都市名
カリカット	コーリコード
コーチン	コッチ
カルカッタ	コルカタ
マドラス	チェンナイ
バンガロール	ベンガルール
ボンベイ	ムンバイ

※近年に改称した主な都市

日本の面積の9倍近く、世界7位の面積を有するインドは、世界で1、2を争う大人口国です。連邦公用語であるヒンディー語をはじめとする指定言語が22あり、780以上の言語のうち、1万人以上の話者がいる言語は100以上もあります。また、国民の約8割はヒンドゥー教徒ですが、ほかにもイスラーム教やキリスト教、シク教、仏教、ジャイナ教など多様な宗教が信仰されています。このように言語と宗教だけを見ても、この国の多様性がうかがえます。

それでは、この多様性はどのようにして生まれたかというと、「インド亜大陸（インド半島）」の成り立ちから説明する必要があります。今から3億年～2億年も昔、地球上にはパンゲアという巨大な大陸があったと考えられています。これがいくつにも分裂し、そのなかの一つの大陸が北上して、ユーラシア大陸にぶつかって地続きになりました。こうしてできたのが、インド亜大陸です。

そして、大陸同士がぶつかった際に生じたすさまじい力によって海底が押し上げられたことで、ヒマラヤ山脈が誕生しました。ヒマラヤ一帯で見つかる海洋生物の化石が、かつてそこが海の底だったことを物語っています。

インドの行政区分

区分	自治体名
直轄領	㉙ デリー首都圏
	㉚ チャンディーガル連邦直轄領
	㉛ ダードラー・ナガル・ハヴェーリー及びダマン・ディーウ連邦直轄領
	㉜ ラダック連邦直轄領
	㉝ ラクシャドウィープ連邦直轄領
	㉞ プドゥチェーリ連邦直轄領
	㉟ ジャンムー・カシュミール連邦直轄領
	㊱ アンダマン・ニコバル諸島連邦直轄領

※2021年4月時点

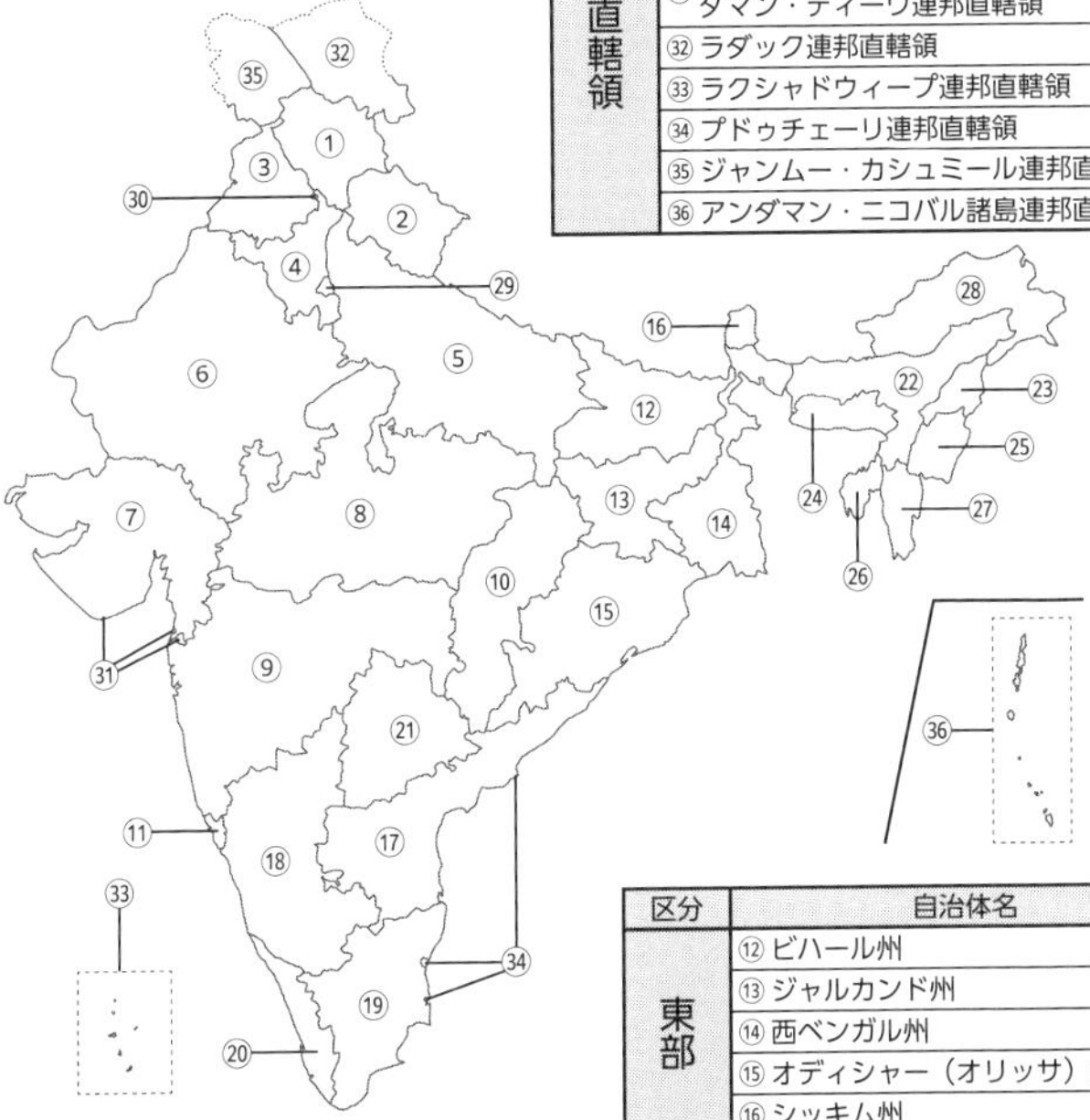

区分	自治体名
北部	① ヒマーチャル・プラデーシュ州
	② ウッタラーカンド州
	③ パンジャーブ州
	④ ハリヤーナー州
	⑤ ウッタル・プラデーシュ州
	⑥ ラージャスターン州
西部	⑦ グジャラート州
	⑧ マディヤ・プラデーシュ州
	⑨ マハーラーシュトラ州
	⑩ チャッティースガル州
	⑪ ゴア州

区分	自治体名
東部	⑫ ビハール州
	⑬ ジャルカンド州
	⑭ 西ベンガル州
	⑮ オディシャー（オリッサ）州
	⑯ シッキム州
南部	⑰ アーンドラ・プラデーシュ州
	⑱ カルナータカ州
	⑲ タミル・ナードゥ州
	⑳ ケーララ州
	㉑ テランガーナ州
北東部	㉒ アッサム州
	㉓ ナガランド州
	㉔ メガラヤ州
	㉕ マニプル州
	㉖ トリプラ州
	㉗ ミゾラム州
	㉘ アルナーチャル・プラーデシュ州

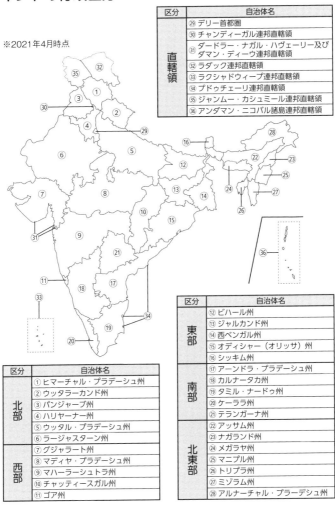

北には標高8000メートル級の山々がそびえ立つヒマラヤ山脈をはじめ、カラコルム山脈、ヒンドゥークシュ山脈が位置し、西をアラビア海、東をベンガル湾に囲まれた逆三角形の地域がインド亜大陸にあたります。西北部をインダス川が、東北部をガンジス川が流れ、その両流域を中心にヒンドゥスターン平原が東西に広く形成されました。西部にはタール砂漠、東部にはベンガル・デルタ、中央にはデカン高原が広がります。

陸続きになったとはいえ、険しい山々や海に隔《へだ》てられたインド亜大陸に、外から入り込むことは容易ではありませんでした。それでも、古代から何度となくインド亜大陸へと人がやってきて、先住のさまざまな民族と交わって暮らすようになります。そうして、現在見られるような独自の文化が形づくられたのです。

これから本書を読み進めるうえで、知っておいてほしいことがあります。それは、歴史における〝インド〟とは、わたしたちが知っているインドという国のほかに、隣国のパキスタンやバングラデシュ、時代によってはアフガニスタンやミャンマーの一部にまたがる地域を指すということです。なぜ、そうなのかは読み進めていくとわかります。

インド亜大陸の主な地形

地形	規模	地形	規模
ヒンドゥークシュ山脈	標高7000m級	インダス川	全長約2900km
スライマーン山脈	平均標高約2000m	ヒマラヤ山脈	標高8000m級
		カラコルム山脈	標高7000m級

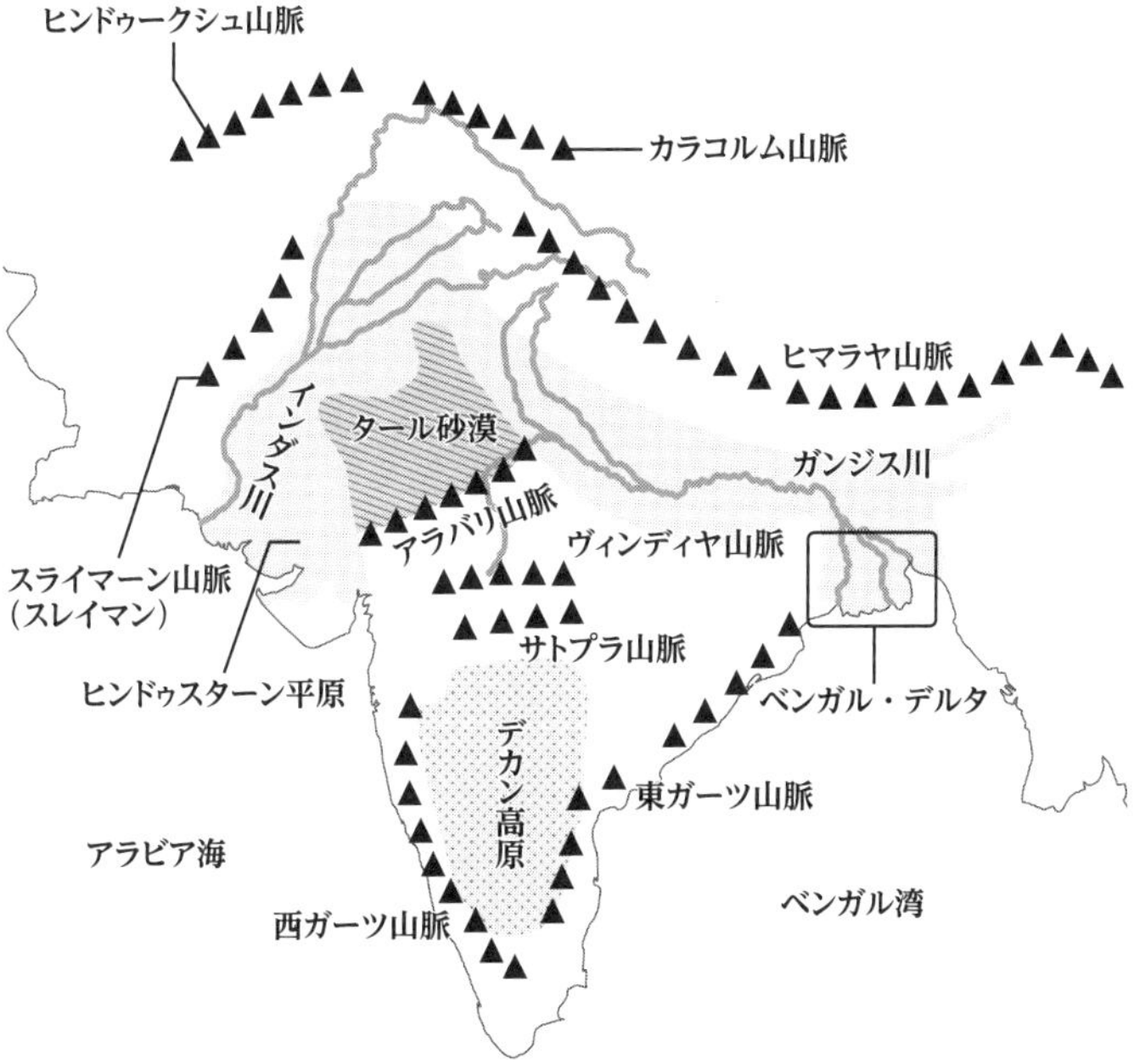

地形	規模	地形	規模
ガンジス川	全長約2500km	サトプラ山脈	平均標高約600m～約750m
アラバリ山脈	平均標高約300m～約600m	東ガーツ山脈	平均標高約600m
ヴィンディヤ山脈	平均標高約900m	西ガーツ山脈	平均標高約1200m

さらに、「インド＝暑い」というイメージを抱いているかもしれませんが、これも適当ではありません。たしかに、国際連合による世界地理区分においてもインドは「南アジア」とされ、首都であるデリーの緯度は日本の奄美《あまみ》群島（鹿児島県）にほぼ相当します。しかし歴史上、大まかに「北インド」「東インド」「西インド」「南インド」という4地域に区分されるよう、それぞれの地域の風土は異なります。北インドに位置するデリーでも1月には一桁《ひとけた》の気温を記録することもあり、より北部のヒマラヤ山脈一帯では当然、雪が降ります。そうかと思えば、1年の最低平均気温が20℃を下回らないという都市が南インドには存在します。このように地域性の違いが存在することは、東西約3100キロメートル、南北約2800キロメートルの日本の領域が、インドの国土にだいたいスッポリ収まると考えればわかりやすいでしょう。

多様な風土が育まれ、古代から伝わる神秘的な光景が現在も見られると同時に、著しい発展を遂げつつあるインド——とてつもないパワーを秘めたこの国の歴史を追いつつ、数々の謎を解き明かしていきます。

chapter 1

2本の大河の流域で

南アジアの人類の夜明け

世界四大文明の一つである「インダス文明」から紹介されることの多いインドの歴史ですが、実際には、それよりずっと以前から人の暮らしが営まれており、その痕跡《こんせき》が各地で見つかっています。

人類が南アジアで暮らすようになったのは、今から約50〜35万年前と推定されています。当時の人々は狩猟・採集の生活を行っていました。この旧石器時代の遺物として、インダス川支流のソーアン川流域や南インドの遺跡から打製石器が見つかっています。

その後、旧石器時代から新石器時代へ移り変わる時期にあたる中石器時代には、打製石器の一種である細石器が盛んにつくられるようになりました。代表的な遺跡が、インド中部の「ビームベートカーの岩陰《いわかげ》遺跡」です。その岩窟《がんくつ》住居区の岩には牛や象、鹿などを狩猟する当時の人々が生きいきと描かれており、先史美術の傑作とされ、世界文化遺産に登録されています。

やがて、人々の暮らしは大きく変わります。穀物を栽培し、磨製石器や土器をつくり、家畜を育て、家を建てて定住するようになったのです。この新石器時代は紀元前7000年または紀元前6000年ごろに始まったと考えられています。パキスタン西部の丘陵地帯に位置する「メヘルガル遺跡」は、南アジア最初期の農耕集落だったことがわかっています。なお、新石器時代人の末裔《まつえい》であるゴンド族やサーンタル族などは、現在では主にインドの山地の森林地帯で暮らしています。

続いて、石器に加えて金属を使用した金石併用時代になります。メヘルガル遺跡の後期の層からは、青銅製品のほかに土偶や印章（ハンコ）、顔料で模様を描いた彩文土器が出土しており、これらはインダス文明に受け継がれたと考えられています。

メヘルガルの集落は紀元前2500年ごろに放棄され、そののち突如として高度なインダス文明が興《おこ》ったことから、メヘルガルの住民が移動して、インダス文明の担《にな》い手となった可能性も指摘されています。

衛生面にすぐれた都市

紀元前2600年ごろ、現在のパキスタン領を流れるインダス川流域を中心に高度な文明が発達します。これが、エジプト文明やメソポタミア文明、中国文明と並び称される「インダス文明」です。

インダス川はヒマラヤ山脈中央部を源流とし、現在のインド西北部からパキスタンを通ってアラビア海に注ぐ、全長約2900キロメートルの大河です。モンスーン（季節風による雨季）によって氾《はん》濫《らん》したこのインダス川が、豊富な養分が含まれた土砂を運んできたことで、一帯には肥沃《ひよく》な平原が広がり、作物がよく育ったと考えられています。

約2600カ所で見つかっているインダス文明の遺跡のうち、代表的なものが

パキスタン南部に位置する「モエンジョ・ダーロ（モヘンジョ・ダロ）」と、中北部に位置する「ハラッパー」の都市遺跡でしょう。

現地語で「死人の丘」を意味するモエンジョ・ダーロは、１９２２年にインドの考古学者が、別の遺跡の発掘作業中に文字が刻まれた印章を見つけたことがきっかけで発見されました。

発掘が進められたモエンジョ・ダーロは、インダス文明の都市でも最大規模で、洪水で破壊された部分を除いても約１・６キロメートル四方だったと推定されています。日干しレンガや焼きレンガを大量に用いて区画整理された街並みが特徴です。沐浴場や井戸があったことが判明しているほか、排水溝や水洗式のトイレと思われる施設の跡が見つかっており、「衛生的な都市」といわれることもあります。１９８０年には世界文化遺産に登録されました。

インダス文明の主な都市

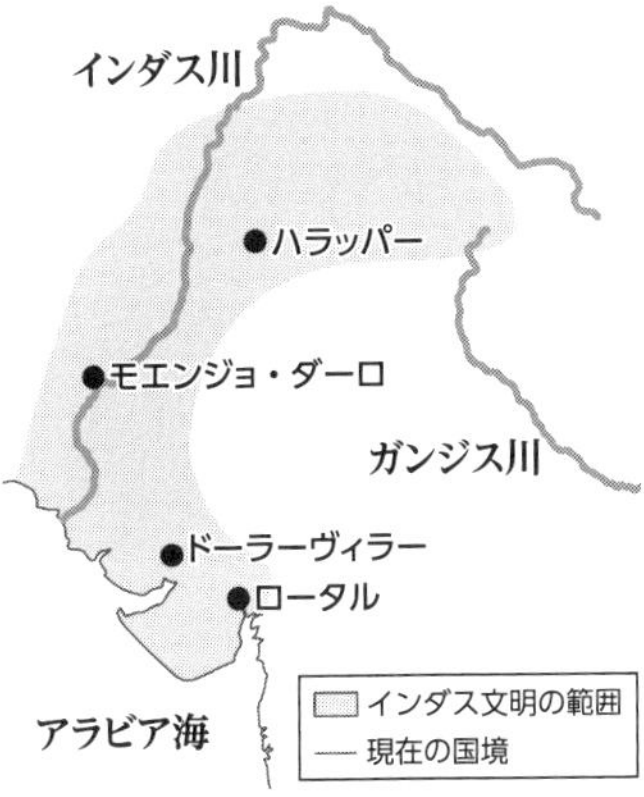

もう一方のハラッパー遺跡はインダス川上流、モエンジョ・ダーロから約650キロメートル離れた現在のパキスタン中北部のパンジャーブ州に位置する都市の遺跡で、当時は8万人ほどが暮らしていたと考えられています。19世紀にイギリス人がこの遺跡を発見したものの、当初はその歴史的重要性が理解されず、鉄道会社が大量にレンガを持ち去り、線路の敷石にしてしまいました。現在でも、パキスタンの都市であるカラチ〜ラーホール（ラホール）間の列車は、そのレンガの上を走っているのです。

これらの都市では同じ規格のレンガが使われていることから、強大な権力者が存在したのではないかと考えられています。ただし現在のところ、その存在をうかがわせる巨大な宮殿や神殿などの遺構は見つかっておらず、この説には異論が唱えられています。

最初に発掘されたモエンジョ・ダーロとハラッパーがインダス文明の中心とされていましたが、その後の調査により、現在のインド西部の「ロータル」や「ドーラーヴィラー」といったインダス川流域以外の場所でも続々と遺跡が発見されています。その文明圏は東西におよそ1500キロメートル、南北におよそ1100キロメートルにもおよび、ほかの古代の文明圏を圧倒する広さです。

古代から存在した沐浴の習慣

文明について知るための重要な手がかりの一つが文字です。ほかの古代文明と同様、インダス文明にも文字があり、遺跡から見つかった印章やお守りには象形文字である「インダス文字」が刻まれていました。ところが、400種類ほどの文字が見つかっているものの、いまだに解読されていません。短い文章がほとんどであること、他言語と併記された遺物がまだ見つかっていないことなどから、解読が難しいのです。

しかし近年、コンピュータによる文字配列の解析により、インダス文字はドラヴィダ系言語の特徴を持つことが明らかになりました。ドラヴィダ系言語を話す人々（ドラヴィダ人）は、現在のインド南部に多く暮らしています。彼らの祖先が紀元前3500年ごろに西方からやってきて、その後、南下したと推定されているのです。

当時のドラヴィダ人がどんな暮らしを送っていたかは、遺跡や遺物から推測するほかありません。現在は極度に乾燥したこの地域も、当時は緑豊かで穀類や果物の栽培が容易でした。小麦や大麦、ゴマやエンドウ、ナツメヤシの種などが出土しており、牛や豚、ラクダに加えて、犬や猫、象も飼われていたと推測されます。綿花を栽培し、糸を紡《つむ》いで織物をしたり、ろくろを使って彩色陶器を製作したりしていました。強大な権力を示す宮殿はなく、庶民の住居が立派だったことから、身分の差はあまりなかったとされています。武器もほとんど発見されていないため、比較的争いが少なかったのではないかとも考えられています。

興味深いことに、インダス文明の人々の習慣のなかには、現代のインドの人々に受け継がれているものもあります。たとえば、ヒンドゥー教徒は貯水池や川で沐浴してから寺院に参拝しますが、モエンジョ・ダーロでも当時から沐浴の習慣があったことを示す、大浴場と見られるレンガづくりの遺構が見つかっています。

また、現代インドで信仰されている神のシヴァはヨガ（ヨーガ）を創始したとされていますが、モエンジョ・ダーロからは、野生動物に囲まれてヨガをする人を刻んだ印章が出土しています。このことから、ヨガの起源はインダス文明にあるという説が広く信じられています。

ほかにもインダス文明では、牛や樹木、地母神（豊穣《ほうじょう》の女神）、生殖器などが崇拝《すうはい》されていた形跡があります。ヒンドゥー教徒が牛を神聖視することや、シヴァのリンガ(またはリンガム。男性器)崇拝など、いずれも現代のヒンドゥー教に受け継がれたと考えられるのです。

衰退は自然的要因？ 人的要因？

じつは、インダス文明の人々はほかの古代文明と積極的に交流し、その影響を受けていました。その主な理由が交易です。発掘された遺物から、当時の人々は金や銀、瑠璃《るり》、水晶などをあしらった美しい装身具を身に着けていたとわかっています。これらはインダス川流域で産出されないため、現在のイランやアフガニスタン、南インドなどから流入したものと考えられています。

なかでも、メソポタミア文明が存在した地域と盛んに交易を行い、綿織物や象牙細工、装身具などの品を輸出していました。商人は陸路でインダス川の河口へ行き、さらに船でペルシア湾岸の港へ向かい、そこにやってくる西アジアの商人と取引していたのでしょう。その証拠に、メソポタミアとインダスのそれぞれの印章がたがいの地で見つかっており、アラビア海に面したロータルの遺跡からは、港湾施設と思われる遺構も発見されています。

　農耕によって食料を確保し、交易により富を蓄え、平和だったと思われるインダス文明の諸都市ですが、紀元前2000年ごろから衰退を始め、紀元前1700年ごろにはほとんどが消滅します。

　その原因は、紀元前1500年ごろのアーリヤ人のインド亜大陸への進出によるものと、長らく考えられてきました。ですが、考古学の研究によると、インダス文明の消滅はそれより200年ほど前のため、現在ではこの説は否定されています。土地の乾燥や塩害、大洪水による自然的要因や、森林の伐採や交易の衰退による経済的要因など諸説ありますが、定説はありません。

　そもそも、インダス文明の遺跡は、緊張関係が続く現在のインドとパキスタンの国境地域にその多くが位置し、見つかっている約2600カ所のうち、発掘調査が行われたのはわずか150カ所前後です。言語の解読も含めて、今後の発掘調査と研究に期待が寄せられています。

アーリヤ人がやってきた

インダス文明が衰退したインドに大きな変化が起こります。それが、インド・ヨーロッパ語族に属するアーリヤ人の進出です。

インド・ヨーロッパ語族は紀元前2000年ごろから、それまで遊牧をして暮らしていた草原を出て、大移動を始めました。彼らがもともといた場所は、ロシア南部、コーカサス山脈の北方地帯という説が有力です。なぜ移動を始めたのか、その理由は気候の寒冷化や人口の増加、干ばつなどの諸説がありますが、はっきりとはわかっていません。

その大移動は世界の広い範囲に大きな影響を与えます。一部は西へと向かい、ヨーロッパに達してケルト人、ゲルマン人、ギリシア人、スラヴ人などと呼ばれるようになり、別の集団は現在のトルコへ。さらに別の集団は東へ移動し、一部はペルシア人となり、一部はインドに向かいました。

インドへ向かった人々は紀元前1500年ごろ、現在のアフガニスタンとパキスタンの国境に位置するカイバル峠を越え、インダス川上流域のパンジャーブ地方に入ります。

アーリヤ人のインド進出経路

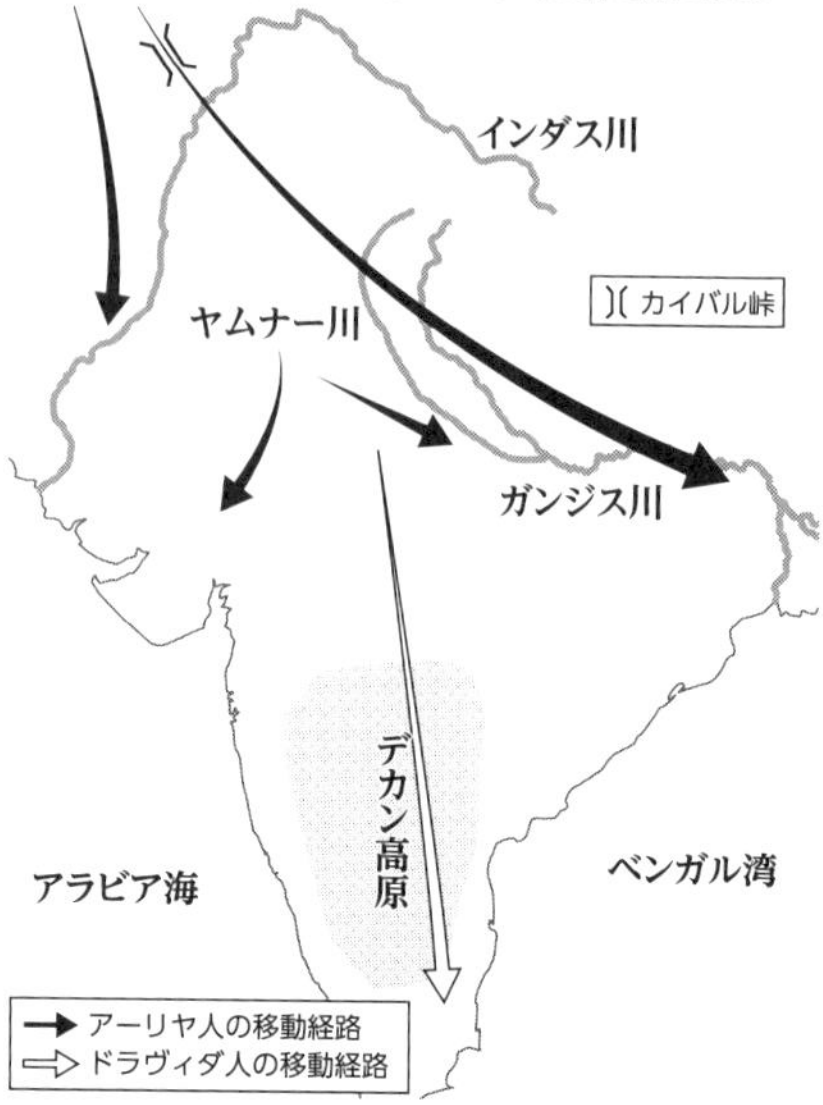

彼らは背が高く、色は白く、鼻が高いという特徴があり、自分たちのことを「高貴な者」を意味する「アーリヤ」と呼んで先住民と区別しました。

インドに進出したアーリヤ人は先住民による強い抵抗に遭います。しかし、金属の鋳造《ちゅうぞう》技術にすぐれ、馬が引く二輪戦車を操っていたアーリヤ人は戦いに強かったと考えられます。しだいに先住民を打ち破り、支配地を拡大していきました。アーリヤ人は先住民を「悪魔」や「野蛮人」を意味する「ダーサ」と呼び、その見た目から「黒い肌をした者」「牡牛《おうし》の唇《くちびる》を持つ者」「無鼻」などと表現します。このダーサは、現在の南インドに多く暮らすドラヴィダ人の祖先という説もありますが、反対意見も多く存在します。

こうして土地を得ると、アーリヤ人は先住民から農耕を学び、牛や馬を飼い、大麦を育てる半定住の生活を始めます。彼らの社会は貧富や身分の差の少ない部族社会で、首長の権力はあまり強くありませんでした。一方で征服された先住民は奴隷《どれい》とされ、ダーサは「奴隷」という意味に変わっていきました。

このアーリヤ人の進出は、わたしたちが知っている〝インド〟という言葉の成立にも深くかかわっています。アーリヤ人がインダス川流域へ進出した際、その一帯を「シンドゥー（Sindhu）」と呼んでいました。それが西方のペルシア（イラン）へ伝わると「ヒンドゥー（Hindu）」、さらにギリシアまで達すると「インドス」と呼ばれるようになります。このインドスという西洋側の呼称から「インド（India）」という言葉が生まれ、のちに国名に採用されるのです。ほかにも、インダス川やヒンディー語、インドネシア（インドの島々）、インディアン（インドの人）といった言葉も、シンドゥーから生まれたといえます。

一方、シンドゥーが東方の中国の漢《かん》に伝わると「身毒《しんどく》」と表記され、のちの中国王朝では身毒が訛《なま》って「天竺《てんじく》」や「印度」とされます。その呼称は日本にも伝わり、近代まで使われていました。

ここまで紹介したのは、あくまでインドを外から表した呼称です。それでは、インドの人々は自分たちが暮らす土地を何といっていたかというと、これにもやはりアーリヤ人がかかわっています。

アーリヤ人の有力な部族の一つに、バラタ族がいました。このバラタ族、もしくは伝説の王であるバラタにちなんで、インドの人々は自分たちが暮らす地を「バーラタヴァルシャ（バラタの地）」と呼び、そこから「バーラタ」と呼ぶようになります。そして近代にヒンディー語が成立して以降は「バーラト（Bharat）」と呼ぶようになっていました。そのためインドでは、インドという国名とは別に、１９４９年に「バーラト」も正式な国名と定めています。

自然現象が信仰の対象に

アーリヤ人は長い間、神々に捧《ささ》げる讃歌《さんか》を口頭で伝えてきましたが、やがて、文字で書き表すようになります。そうしてまとめられたのが、インド最古の文献『リグ・ヴェーダ』です。1028篇《へん》の讃歌から成り、リグは「讃歌」、ヴェーダは「聖なる知識」を意味します。今日、インド進出後のアーリヤ人の活動を知ることができるのは、『リグ・ヴェーダ』が伝わっているからであり、紀元前1500年から『リグ・ヴェーダ』が成立した紀元前1000年ごろまでを「前期ヴェーダ時代」といいます。

では、アーリヤ人が信仰したのはどのような神だったのでしょうか。それは、さまざまな自然現象を神格化したものでした。『リグ・ヴェーダ』で最も重要視されたのが雷神・軍神「インドラ」で、次が火の神「アグニ」です。この二神に多くの讃歌が捧げられています。ほかにも、天空の神「ヴァルナ」、太陽神「スーリヤ」、暴風神「ルドラ」などの神々が信仰されました。神々は人間のような姿をしており、神専用の乗りもので大空を駆けるとされていました。なお、ルドラと同一視されるシヴァが乳白色の牡牛を乗りものとしていることから、牛は神聖な生きものとされています。

人々は火をたき、讃歌と供物《くもつ》を捧げて神々に祈り、その恵みを得ようとしました。供物として、ソーマと呼ばれる神酒や動物の肉、穀物、バターやヨーグルトなどが用意され、火も供物を天に運ぶための特別なものとしてあがめられました。

アーリヤ人の宗教観はのちに仏教にもとり入れられ、日本に伝わることになります。たとえば、インドラは仏教の守護神である「帝釈天《たいしゃくてん》」、水辺の神である「サラスヴァティー」は音楽や弁舌を司る天女「弁才天」に相当します。聖なる火に供物を投じる儀式「ホーマ」はヒンドゥー教に受け継がれたほか、仏教の密教宗派である真言宗や天台宗の護摩法《ごまほう》ともなりました。火葬も、もとはアーリヤ人の風習であったとされています。

ガンジス川の流域へ

パンジャーブ地方で暮らしていたアーリヤ人でしたが、紀元前1000年ごろから、新たな土地を求めて移住を開始します。彼らは東へ向かい、ガンジス川の中流域と、その最大の支流であるヤムナー川との中間部の平原を占拠し、そこで暮らしていたドラヴィダ人を支配下に置きました。

ガンジス川は、インド北部から東部に向かって流れる全長約2500キロメートルの大河です。流域面積は約170万平方キロメートルもあり、約38万平方キロメートルの日本の国土とくらべると、その広さがよくわかります。ガンジスとは「川」を意味し、インドの人々は「ガンガー」と呼んでいます。ヒンドゥー教徒はこの川を神格化し、同じガンガーという名の女神として崇拝しています。

アーリヤ人は先住民から稲の栽培方法を知り、それまで牧畜が中心だった暮らしは、農業中心に変わっていきました。農業の発展や森林の開拓に役立ったのが、それまで使われていた銅や青銅よりも鋭利な鉄製の道具です。鉄の刃先をつけた犂《すき》を牛に引かせる農法が考案されたことで、ガンジス川流域は当時のインドで最も豊かな地域になったといいます。

食べものが豊かになり暮らしに余裕が生まれると、今度は武人や司祭などの階級ができ、強い権力を持つ王が人々を支配するようになりました。ガンジス川とヤムナー川の流域には、アーリヤ人の一部族であるクル族やパンチャーラ族などによる国家が生まれ、争いながら分裂と統合をくり返していたといいます。

この紀元前1000年ごろから紀元前600年ごろまでの時代には、祭祀で用いる歌詞と旋律《せんりつ》を記した『サーマ・ヴェーダ』、祭祀で唱える言葉を集めた『ヤジュル・ヴェーダ』、呪文集『アタルヴァ・ヴェーダ』の三つが編纂されます。そのため、この時代は「後期ヴェーダ時代」と呼ばれます。これらのうち『アタルヴァ・ヴェーダ』には、頭髪に関する願いや恋敵への呪い、病気からの回復など、当時の人々の悩みや願望を解決するための呪文が記されており、当時の人々の暮らしを伝える貴重な文献となっています。

カーストのはじまり

農業を中心とした生活を営むようになったアーリヤ人にとって、インドの気候は豊かな実りをもたらす一方、時に干ばつや洪水などを引き起こす脅威でもありました。それゆえ、自然に対する願望が大きくなり、神を祀《まつ》る儀式（祭祀《さいし》）が重要とされるようになりました。同時に祭祀を行う人々の社会的地位が向上し、やがて大きな権力を持つことになります。地位を得た司祭者階級は「バラモン」と呼ばれました。バラモンという呼称は、ヴェーダの補助的な文献群『ブラーフマナ』に由来する漢字圏の言い方です。

バラモンはヴェーダを聖典とし、さまざまな決まり事を設けて祭祀を複雑なものとし、自分の立場を特別なものとしました。さらに、バラモン以外の者とは結婚しないという決まりを設けて祭祀を独占し、自分たちを人間の姿をした神だと主張しました。彼らバラモンを中心とした宗教は「バラモン教」と呼ばれます。

このバラモン教と切っても切り離せないのが、「ヴァルナ（種姓《しゅせい》）」という制度です。ヴァルナはもともと「色」を意味し、アーリヤ人が先住民と混血していった過程で、肌の色の違いから人々を区別するために生まれた観念でした。バラモンを頂点に、「クシャトリヤ」「ヴァイシャ」「シュードラ」という四つのヴァルナに分けられます。このヴァルナは、のちに職能別に身分を分けた「ジャーティ（生まれや家柄などの意味）」という集団意識と結びつき、細分化されていきます。そして現在のインドにおいても、ヴァルナとジャーティという言葉は使われ続けています。

その一方で、後年、このヴァルナとジャーティをポルトガル人が「血統」を意味する「カスタ」と呼んだことから、欧米を中心に海外では「カースト」という言葉が定着していくのです。

ヴァルナ（種姓）

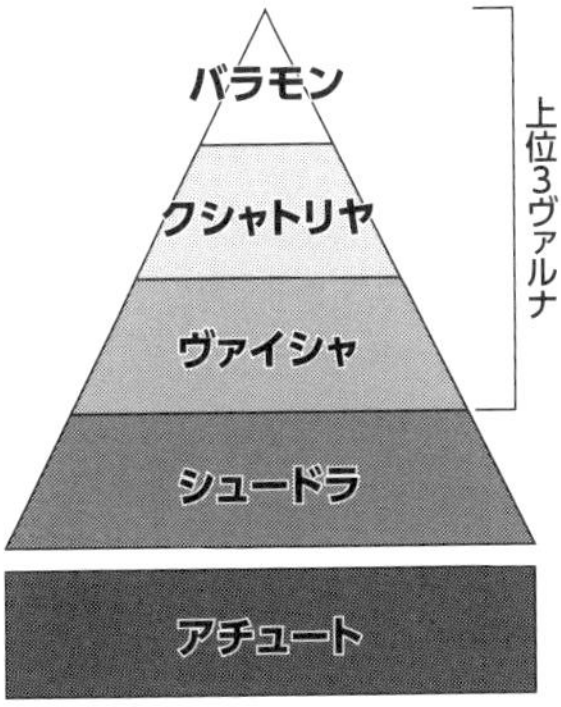

クシャトリヤは王族・武人階級で、バラモンに次ぐ支配階級です。クシャトリヤは「権力（クシャトラ）を有する者」を意味し、政治や軍事に従事しました。ヴァイシャは庶民階級で、ヴァイシャとは「部族の成員」を意味する「ヴィシュ」からきた呼び名です。農業や牧畜のほか、のちには商業に従事し、バラモンやクシャトリヤに税を納めました。バラモン、クシャトリヤ、ヴァイシャの3ヴァルナはアーリヤ人の血が濃い人々で、祭祀への参加が可能でした。

残るシュードラはヴァルナ最下位の隷属《れいぞく》階級です。アーリヤ人に征服された先住民で、上位3ヴァルナへの奉仕が義務とされ、労役または家庭の雑務に従事しました。やがて時代が下るとともに、農耕と牧畜はシュードラの仕事となっていきます。シュードラはさまざまな面で差別され、祭祀に参加できませんでした。

なお、ヴァルナの制度に含まれない人々についての記述は、後期ヴェーダ時代の末期ごろに登場します。もともと、農耕社会の周辺で狩猟採集の生活をしていた部族民で「チャンダーラ」と呼ばれた人々への差別ははげしく、4～7世紀ごろには古代インドの共通語であるサンスクリット語（梵語《ぼんご》）で「触ってはならない者（不可触民《ふかしょくみん》）」を意味する「アスプリシュヤ」という身分の概念が確立されました。動物の死体処理や清掃などにも従事していたことから、見たり触れたりするとけがれるとされ、それらの人々はヒンディー語で「アチュート」、英語で「アンタッチャブル」「アウトカースト」と長い間呼ばれてきました。1950年にインド憲法でカースト制度が廃止されたのちは「指定カースト」として特別な保護の対象となりました。現在はみずからを「抑圧された者」を意味する「ダリット」と呼び、差別を克服するための運動を続けています。

インド哲学の源泉

後期ヴェーダ時代、祭祀を行うだけのバラモンに対して批判の声があがります。すると、バラモンやクシャトリヤのなかに、思索によって真理を探究しようとする人々が現れ、ヴェーダ文献の一つである「ウパニシャッド（奥義書）」が成立しました。ウパニシャッドは「近くに座る」という意味で、師から弟子に伝承された秘密の教えを表します。この新しい思想は「ウパニシャッド哲学」と呼ばれ、インド哲学の源泉となっています。

紀元前500年ごろまでにたくさんのウパニシャッドが編纂されました。そのなかの最も重要な思想は、宇宙の根本原理である「ブラフマン（梵《ぼん》）」と、人間の本質「アートマン（我）」が、同じものであるという「梵我一如《ぼんがいちによ》」の思想です。

またこのころには、人間の魂《たましい》は不滅であり、死んでも再び生まれ変わるという「サンサーラ（輪廻《りんね》）」が信じられるようになっていました。来世で何に生まれ変わるかは生前の行い「カルマ（業《ごう》）」によって決まり、善行を積んだ者はバラモンやクシャトリヤに、悪行をおかした者はシュードラや動物に生まれ変わるとされます。その一方で、梵我一如の真理を悟れば輪廻から解放される（解脱《げだつ》）と考えられました。

以降、さまざまな宗教家や思想家がこの解脱の境地を最高の目標とし、そのなかから、仏教やジャイナ教が生み出されることになるのです。

16の国家による争い

時代が進むと、ガンジス川の中・下流域のアーリヤ人は灌漑《かんがい》を行って田に水を引き、稲を種ではなく苗《なえ》から植えることで農業の生産力が上がりました。暮らしが豊かになると、それにともなって商工業が発達していきます。そうして人口が増えた集落は、城壁で囲まれた都市国家へと変わっていきました。

紀元前6世紀ごろから紀元前5世紀ごろ、北インドからデカン北部にかけて「十六大国」と呼ばれる有力な都市国家が成立し、覇権争いをくり広げていました。かつての部族社会は基本的に血縁から成り立っていましたが、都市国家には命令を下す王がおり、血縁にかかわらず能力によって選ばれた人々が王を支えていました。

十六大国（紀元前600年ごろ）

都市国家のなかでも、「コーサラ国」と「マガダ国」は当時のインドの政治・経済の中心でした。コーサラ国はガンジス川流域の都市国家のなかで最初の有力国であり、カーシー国やシャカ族の国を次々と征服して支配域を拡大して

いきました。ガンジス川に面したヴァーラーナシーを都としていたカーシー国は、織物業が盛んな商工業の中心地で、バラモンが集まる宗教的な拠点でもありました。豊かなカーシー国を得たコーサラ国は、急激に勢力を伸ばします。ちなみに、のちにヴァーラーナシーは聖地として重要性が増し、現在でも多くの巡礼者が沐浴に訪れる地となっています。

マガダ国は鉄などの資源に恵まれ、戦車や投石機といった新兵器を用いた軍事力を背景に、国王であるビンビサーラの治世に強大になります。その後、ビンビサーラを殺害して王位に就いた息子のアジャータシャトルがコーサラ国を併合し、紀元前4世紀ごろ、この「ナンダ朝」のもとでガンジス川流域の統一をほぼ成し遂げました。

この時代、富を蓄えた者が権力を握るようになり、金持ちが上位に立つという新しい価値観が広まります。すると、有力化したクシャトリヤやヴァイシャは新たな信仰を求めました。そんななか現れた思想家は、階級制度やバラモンの祭祀を否定して人々から支持されます。思想家のもとには弟子や信者が集まりました。そうして成立するのが、「仏教」と「ジャイナ教」です。

慈悲を説く仏教

仏教は古代インドに生まれて各地に広まり、商人を中心に幅広い支持を得た宗教です。一時は途絶えるほどになりますが、一方で広くアジア各地に伝わって信仰されるようになり、キリスト教、イスラーム教と並ぶ世界三大宗教となっています。

開祖のガウタマ・シッダールタ（ゴータマ・シッダッタ）は、ヒマラヤ山脈のふもとに存在したシャカ族の国の王子として生まれました。生年については紀元前563年説や紀元前463年説などがあります。シャカ族はこの地で古くから農耕を営んでいた人々と考えられており、その国家は十六大国には数えられない小国でした。ガウタマが生きていた当時は、コーサラ国の属国であったことがわかっています。

青年期までのガウタマは何不自由ない生活を送っていましたが、老衰や病気といった人生における問題に深く思いを馳せ、もの思いにふけりがちだったといいます。修行者になることを望む息子を引き留めようと、父親はガウタマを結婚させますが、結局は妻子を捨てて城を去ります。最初に訪ねた思想家たちの教えに満足できず、山林にこもって6年間修行に励みました。あまりの苦行だったため、その体はやせ衰え、しまいには肌は灰のような色になったと伝えられています。

苦行が真実に至る道ではないことを知ったガウタマは、スジャータという村娘が捧げる乳がゆを食べ、菩提樹《ぼだいじゅ》の下でついに悟りに達したとされます。以後、サンスクリット語で「目覚めた者」を意味する「ブッダ（仏陀）」、あるいは釈迦牟尼《しゃかむに》という尊称でガウタマは呼ばれるようになりました。そして80歳で没する（入滅する）まで、マガダ国とコーサラ国の都を拠点とし、ガンジス川流域をめぐって修行と布教の日々を送ったといいます。

ブッダは生きることを苦ととらえました。苦しみが生じる理由は、あらゆる存在は移り変わるもの（諸行無常）であるのに、それに気づかず何かに固執するためとします。この真理を知り、正しい認識と実践によって輪廻から解脱することを目標とし、そのために道徳的な生き方や慈悲の尊さを説く教えは、都市の住民の間で浸透していきました。

ブッダの教えは口頭で伝えられていましたが、その死後ほどなくして弟子500人が集まり、経典を編纂しました。これは最初の仏典結集《けつじゅう》とされ、ブッダの教えを後世に伝えるための教義の整理と統一がはかられました。

ブッダ誕生の地である現在のネパールのルンビニー、インドのビハール州のブッダガヤーに立つ大菩提寺は、世界文化遺産に登録されています。これに、ブッダが最初に説法を行ったサールナート（鹿野苑《ろくやおん》）、入滅の地であるクシーナガル（クシナガラ）を加えた地は、仏教の四大聖地とされています。

なお、ブッダが王子時代を過ごしたカピラ城の正確な場所はわかっておらず、ネパールはティラウラーコート、インドはピプラーワーであると主張しています。1898年、ピプラーワーでブッダの遺骨（仏舎利《ぶっしゃり》）を納めた壺《つぼ》が発見され、こちらがカピラ城だった可能性が高いとされています。この仏舎利はタイに寄贈され、その一部は日本に譲渡されました。日本で唯一の仏舎利は、愛知県名古屋市にある覚王山日泰寺《かくおうざんにったいじ》の仏塔内に納められています。

苦行を重んじるジャイナ教

仏教とほぼ同じ時期に成立したのが、ジャイナ教です。ほぼヴァルナによる身分制度を否定するなど、さまざまな点で仏教に似ています。しかし、仏教が世界中に広まったのに対し、ジャイナ教はほぼインドのみに留まりました。

開祖のヴァルダマーナは、クシャトリヤの家に生まれました。紀元前549年〜紀元前477年ごろの人とされますが、生没年は諸説あります。若くして結婚して娘が生まれるも、30歳のときに苦行を重視する教団に入り、きびしい修行の末に悟りを開いたとされます。こうして迷いに打ち勝ったことから「ジナ（勝利者）」、または「マハーヴィーラ（偉大な英雄）」という尊称で呼ばれるようになりました。そして、ジャイナ教とは「ジナの教え」を意味しています。

その後30年にわたり、マハーヴィーラは北インドの広い範囲で布教と修行に励みました。ブッダと同様に人生を苦ととらえ、輪廻転生から逃れて永遠の至福に達するには俗世を捨てて苦行し、魂を浄《きよ》める必要があると説きました。修行においては「生きものを殺さない」「ウソをつかない」「盗まない」「みだらな行いはしない」「所有しない」という五つの決まりを設け、マハーヴィーラのもとに集まった信者に守らせました。これらのうち最も重要なのは生きものを殺さないことでしたが、自死した場合は、それが苦行の結果であるのならよしとされました。また、一切の所有を禁じた結果、弟子たちは衣服をまとわず、裸で暮らしていたといいます。

マハーヴィーラが72歳で生涯を終えたのち、ジャイナ教はインド各地に広まりました。やがて教団内ではきびしい教義をゆるめようとする人々と、厳格に教義を守ろうとする人々が対立し、紀元1世紀ごろに白衣派と裸形派《らぎょう》（空衣派《くうえ》）に分裂します。以降のジャイナ教には、主にこの二つの派が存在しています。

ジャイナ教徒は菜食主義を貫き、その多くが生きものを殺す恐れのある農業や牧畜を避け、都市で商業に従事してきました。ウソをつかないという教義があることから人々の信用を得やすく、信者に富裕な商人が多いのが特徴です。現在のインドの全人口に占める信者の割合は約0・4％ですが、経済的に大きな力を持つ存在となっています。

南インドの巨石文明

アーリヤ人がインドに進出して土着した地は、北インドのヒンドゥスターン平原でした。それでは同時期、デカン高原を含む南の地はどうだったのでしょうか。そこでも古くから人々が暮らし、独自の文化を築いていたことがわかっています。その証拠に、紀元前1400年ごろから紀元前後にかけて、巨大な石を用いてつくられた墓が点在しています。このような巨石建造物は北インドでは見られず、つくったのがどんな人々だったのかもわかっていません。多くの遺跡から鉄製の鐙《あぶみ》などの馬具が出土していることから、巨石文化の担い手は「馬で移動しながら暮らしていた騎馬民族だった」という説も唱えられています。

アーリヤ人がインド西北部にたどり着いたとき、その地にはすでにドラヴィダ人が住んでいたことは述べました。一部はアーリヤ人と混血し、その身分制度に組み込まれましたが、それ以外の人々はアーリヤ人に押し出されるように、デカンやそれより南へ移住したと考えられています。そもそも「デカン」とは、サンスクリット語で「南」を意味する「ダクシナ」という言葉が変化したものと考えられており、密林に覆われた未開のデカン高原より南の地をアーリヤ人がさげすむ意図が込められていました。

インド亜大陸の南端で暮らすようになったドラヴィダ人は、この地で数々の王朝を打ち立てていくことになります。

各ヴァルナの義務と権利

ガンジス川の中・下流域で社会が大きく変わりつつあった紀元前6世紀ごろ、バラモン文化の中心地であったインド西北部ではバラモンたちがこの流れに抵抗し、ヴァルナの身分制度にもとづく社会をより確かなものにするために、教えを再編していました。こうして生まれたのが、「ダルマ・スートラ（律法経《りつぽうきよう》）」です。

この経典には各ヴァルナが持つ権利と義務、そして生活の決まり事が記され、同時に上位3ヴァルナの男性が生涯を過ごすべき段階も規定されています。それは、師についてヴェーダを学ぶ学生期、家業を継いで結婚し、家長として生活を営む家住期、息子に家業を譲って森で暮らし、修行に励む林住期、森を出て乞食《こつじき》をしながら遍歴する遊行期の4段階からなるため「四住期《しじゆうき》」と呼ばれます。

ダルマ・スートラは紀元前2世紀から紀元2世紀にわたってまとめられ、『マヌ法典』として集大成されました。「マヌ」とは船で大洪水を逃れ、人類の祖先になったというインド神話の登場人物です。

各ヴァルナにおける生活の決まり事をさらに細かく定めた『マヌ法典』は、バラモン的な世界観を表明したものでしたが、その考え方はのちに成立するヒンドゥー教のなかに取り込まれていきます。

西方より大王が襲来

紀元前6世紀、アケメネス朝ペルシアの王であるキュロス2世が、オリエントを統一します。

紀元前518年ごろには、アケメネス朝ペルシアの全盛期の王であったダレイオス1世がインドに侵攻し、十六大国の一つであるガンダーラ国（現在のパキスタン北部、アフガニスタンとパキスタンの国境付近一帯）と、その南のインダス川中・下流域を征服して属州としました。ギリシアの歴史家ヘロドトスは、インダス川流域の住民が大量の砂金をペルシア王に毎年献上していたこと、紀元前480年にダレイオス1世の子であるクセルクセスがギリシアに侵攻してきたとき、その軍隊にガンダーラ人とインド人の部隊が加わっていたことを伝えています。

ガンダーラ国の都だったタクシャシラー（タキシラ）は、当時、インドと西方を結ぶ重要な場所にあることから交易で栄え、学問の中心地としてもにぎわっていました。

アケメネス朝ペルシアの次にインドにやってきたのが、マケドニア王国のアレクサンドロス3世ことアレクサンドロス大王です。紀元前334年に東方遠征を始めたアレクサンドロス大王は、ダレイオス3世を破ってアケメネス朝ペルシアを滅ぼすと、さらに東へと向かい、カイバル峠を越え、紀元前326年にインド西北部、現在のパンジャーブ地方に到達しました。

当時、その一帯では小国家同士がたがいに争っており、侵入者に共同であたることはありませんでした。アレクサンドロス大王はタキシラの支配者と同盟を結び、象部隊を操るパウラヴァ（プール）族を破ると、さらに東のマガダ国を目指しました。ところが、インダス川の東の支流までたどりついたとき、部下らがこれ以上の進軍を拒みます。故郷を出て8年が経ち、たび重なる戦闘と慣れない風土によって兵士の心身は限界に達していたのです。しかも、大軍が待ち構えているという噂におびえていました。こうして東進を断念したアレクサンドロス大王は帰還後に病で倒れ、その生涯を閉じました。

アレクサンドロス大王がインド西北部を征服したのはわずか2年であり、それ以外のインドの地にほとんど影響を与えませんでした。しかし、その襲来はのちにインドが一つの国家のもとで統一される要因になったと考えられているほか、インド史にも大きな変革をもたらしました。なぜなら、アレクサンドロス大王がやってきた年を基点として、正確な年代を記録できるようになったからです。つけ加えると、東方遠征に従軍したギリシア人が書き残した記録は、今日のインド史研究の貴重な史料となっています。

エジプトからインド西北部にかけて出現した王国は、アレクサンドロス大王の死後、東方遠征に参加した部下たちによって分割され、統治されます。そして部下の1人だったセレウコスが、アケメネス朝ペルシアの旧領のほとんどを引き継いで王に即位し、紀元前312年にセレウコス朝シリアを建国しました。

仏教の教えを政治に生かす

アレクサンドロス大王がインド西北部に襲来したころ、東のガンジス川流域ではマガダ国のナンダ朝が勢力を伸ばし、初めて流域一帯の統一を成し遂げます。そのナンダ朝は長く続かず、紀元前317年に「マウリヤ朝」に取って代わられます。

マウリヤ朝を創始したチャンドラグプタは、もとはナンダ朝の軍司令官で低い身分の出身ともいわれますが、確かなことはわかっていません。チャンドラグプタは中央集権的な支配体制を築いて権力を固めると、インダス川流域をも支配下に収め、インド史上初めて北インドを統一します。アレクサンドロス大王が去ったのちも西北部に残っていたギリシア人勢力を追い払い、さらにはデカン高原へと兵を進めて勢力下に収めました。

紀元前305年ごろには、旧領を取り返そうとやってきたセレウコス1世をチャンドラグプタは破り、象500頭と引きかえに現在のアフガニスタン東部の地を獲得します。

チャンドラグプタは晩年、息子のビンドゥサーラに王位を譲ると、ジャイナ教の行者となって南インドで苦行を行い、ジャイナ教において理想とされる断食死を迎えたとされます。

マウリヤ朝が最盛期を迎えるのは、第3代の王であるアショーカの時代です。アショーカはビンドゥサーラの子で、異母兄弟を殺して、紀元前268年ごろに王位を継いだともいわれています。即位9年目にカリンガ国を征服し、南端部を除くインド亜大陸の

マウリヤ朝の領域

ほぼ全域をインド史上初めて統一しました。広大な領域だったため、マウリヤ朝は「マウリヤ帝国」とも呼ばれます。

強大な国家の主となったアショーカでしたが、それまでの好戦的だった態度を改めます。その理由はカリンガ国との戦いにありました。戦いに際して、カリンガ国の住民数十万人が命を落としたと伝えられています。アショーカはこれを深く後悔し、それまで以上に仏教を熱心に信奉するようになります。そして、ダルマを実現するための政治を行う決心を固めたといいます。ダルマとは、「人間の守るべき基本的な義務」を意味する言葉で、特定の宗教の教えではありませんが、アショーカが仏教徒であったため、その政策には仏教的な非暴力や博愛の考えが濃厚に反映されるようになります。どんなときも人民のために政務を行うことを公言し、公平な裁判と刑罰の軽減に努めます。無益な殺生《せっしょう》を禁じ、人と動物のための病院を建設させたほか、街道沿いに木を植え、井戸を掘り、休息所を設置するなどの政策を実施しました。また、アショーカは戦争が起こらないよう、周辺国に友好的な態度で接するようになりました。

アショーカの保護のもと、仏教は大きく広まります。都のパータリプトラ（現在のパトナ）では仏典結集が行われ、各方面に仏教の伝道師が派遣されます。伝承によると、このとき、王子がセイロン島（現在のスリランカ）に渡って仏教を布教したといいます。加えて、アショーカはストゥーパ（仏塔）からブッダの遺骨を取り出すと、全土に建設

そのころ、日本では？

紀元前3世紀の日本は弥生時代にあたります。このころには大陸から伝わった稲作が、日本全国へと普及していました。福岡県の板付《いたづけ》遺跡、佐賀県の菜畑《なばたけ》遺跡、静岡県の登呂遺跡などからは、稲作を行っていたことを示す痕跡が見つかっています。

した多数のストゥーパに分けて納めたといいます。現在のインド中部の村であるサーンチーには、アショーカ王が基礎をつくり、そののちに増築されたストゥーパが、ほぼ完全な姿で今なおそびえ立っています。

アショーカはダルマにもとづいた理想の政治を民衆にも徹底させるべく、領内の岩にみずからの言葉を刻ませています。同時に、領内の約30カ所に言葉を刻んだ石柱碑を立てました。それらはすべて、北インドの同じ場所でとれた砂石を磨いたもので、膨大な労働力を用いて各地に運ばれたと推測されています。なかでも、仏教の聖地であるサールナートで出土した石柱碑は、柱頭に4頭の獅子《しし》が彫られていることで有名です。

アショーカの治世の後半を伝える資料がなく、ダルマによる政治がどのような結末を

迎えたかはよくわかっていません。伝説によると、アショーカは晩年に幽閉されて、その地位を追われたといいます。

マウリヤ朝はアショーカの死後50年ほど続いたのち、分裂したり、ギリシア系の王朝であるバクトリア王国に侵略されたりと衰退に向かっていったと考えられています。バラモン出身の将軍であるプシュヤミトラが、王位を奪って「シュンガ朝」を創始した紀元前180年ごろの領域は、ガンジス川流域と西インドを残すのみというところまで縮小していました。そのプシュヤミトラは、即位直後からバラモン教の祭祀を復活させ、仏教を迫害したといわれています。

このシュンガ朝が112年続いたのちに興ったカーンヴァ朝は45年続きますが、その滅亡とともにマガダ国も終わりを迎えました。

以降、ガンジス川流域を基盤とする強国は現れず、数百年間は西北の異民族に支配されるか、各地に小国が興亡する時代が続くのです。

知れば知るほどおもしろいインドの偉人❶

インド哲学で最も著名な思想家

ヤージュニャヴァルキヤ

Yājñavalkya

（紀元前8世紀ごろ）

諸宗教の思想に大きな影響を与える

インドで生まれ、発達した思想をまとめてインド哲学といいます。そのインド哲学の核となる思想を構築した人物の1人に、ウッダーラカ・アールニがいます。ウッダーラカ・アールニは、世界は万物の根源であるブラフマン（梵）から展開され、ブラフマン（梵）に帰っていくと説きます。

一方、その弟子と伝えられるヤージュニャヴァルキヤは、アートマン（我）が真の自己であるとし、アートマン（我）とブラフマン（梵）の同一性を説きました。

これらの理論はウパニシャッドに盛り込まれ、バラモン教の中心思想である「梵我一如」を表すものとされ、その後に成立する仏教やジャイナ教、ヒンドゥー教といった諸宗教に受け継がれていきます。

そのため、2人は古代における重要な哲人として位置づけられています。

chapter 2

統一王朝なき時代

インドでギリシア人王国？

北インドでマウリヤ朝が衰退していくと、西北インドとそれ以外の地域で、それぞれ特色のある動きが生じます。まずは西北インドから見ていきましょう。

インダス川流域の西北インドでは、ギリシア系の王朝が力を伸ばしていきます。アレクサンドロス大王の死後に分裂した王国の東方を領域として、紀元前312年にセレウコス朝シリアが成立します。この王朝の東の領域はインダス川流域にまでおよび、マウリヤ朝と接していました。

紀元前250年ごろになると、現在のアフガニスタン北部にあたるバクトリア地方において、ギリシア人太守のディオドトスがセレウコス朝シリアから独立し、「バクトリア王国」を建国します。このバクトリア王国は、紀元前200年ごろにはマウリヤ朝の衰退に乗じて南下し、西北インドのガンダーラ地方やパンジャーブ地方に進出しました。

バクトリア王国で最も知られている王が、メナンドロスです。現在のアフガニスタン南部からガンジス川流域に至る地域を支配したメナンドロスは、仏教の経典『ミリンダ王の問い』に登場するミリンダ王と同一人物です。『ミリンダ王の問い』には、王と僧侶のナーガセーナが仏教の教理に関して問答をするという形式で、最後にはミリンダ王が仏教に改宗したことが描かれています。改宗が事実かどうかはともかく、当時はギリシアとインドという異なる文化の融合があったことが、この史料を通してうかがえます。

西北インドに遊牧国家

バクトリア王国の成立をきっかけに、中央アジアから西北インドへの遊牧民の進出は、その後も活発に続きます。

故郷をほかの遊牧民に奪われたスキタイ系遊牧民のシャカ族（サカ族）は、中央アジアに移動し、紀元前2世紀末にはギリシア人勢力が弱体化していたバクトリア地方を征服します。シャカ族は紀元前1世紀前半になるとさらに南下し、西北インドに進出。バクトリア王国を滅ぼし、西北・西インドに、「インド・スキタイ王国」を成立させます。

その後、紀元前1世紀半ばになると、今度は西方から遊牧系のパルティア人の氏族（パフラヴァ族）が西北インドに進出し始めてシャカ族を南方へ追い払い、その有力者であるゴンドフェルネースが、西北インドに王国を打ち立てます。この王国はペルシアに存在したパルティア王国と区別して「インド・パルティア王国」とも呼ばれます。

やがてギリシア人、シャカ族、パフラヴァ族などの征服民族は、当時のインドで信仰されていた神々を受け入れるなどしてインドの習慣になじみ、もともと支配層が少数だったこともあり、文化的にも民族的にも、しだいにインドに同化していきます。

交易路の要衝として栄える

西北インドに遊牧国家が存在した紀元前1世紀、その北に接するバクトリア地方を統治していたのが、やはり遊牧民族の月氏《げっし》でした。月氏はもともと現在の中国西部を地盤としていましたが、紀元前2世紀に、同じ遊牧民族の匈奴《きょうど》との勢力争いに敗れ、中央アジアに移動して定住しました。歴史上、大月氏《だいげっし》と呼ばれるこの国には、有力な五諸侯がいました。この五諸侯が大月氏の一族なのか、それとも土着のペルシア系の民族なのか、その論争は今も決着がついていません。

1世紀中ごろになると、その諸侯の一つである、クシャーナ族の首長のクジューラ・

カドフィセースが、ほかの諸侯を滅ぼして王を称します。このときをもって「クシャーナ朝」が成立したと考えられています。その後、クジューラは南下して、ガンダーラ地方を征服しました。なお、クシャーナ朝が大月氏国をそのまま引き継いだのか、さらには正確な成立年などははっきりしていません。

1世紀後半にクジューラが死没すると、その孫のヴィマ・カドフィセースが王位に就き、インド・パルティア王国の弱体化に乗じて、ガンジス川流域まで勢力を広げます。クシャーナ朝の最盛期を築くのが、ヴィマの息子であるカニシカ1世です。カニシカ1世は、都をガンダーラ地方のプルシャプラ（現在のパキスタン西北部の都市ペシャワール）に、副都をヤムナー川流域のマトゥラーに置き、2世紀半ばには中央アジアからガンジス川中流域に至る版図を築きました。

クシャーナ朝が存在していた紀元前1世紀から紀元3世紀ごろにかけて、ユーラシア大陸の西端には古代ローマ、東端の中国には漢《かん》という大勢力が栄えていました。そして、のちにシルクロードとも呼ばれる内陸の交易路には両勢力の交易品が行き交い、主に商品が東から西へと運ばれ、それを購入するための金銀が西から東へと運ばれていました。

クシャーナ朝の時代

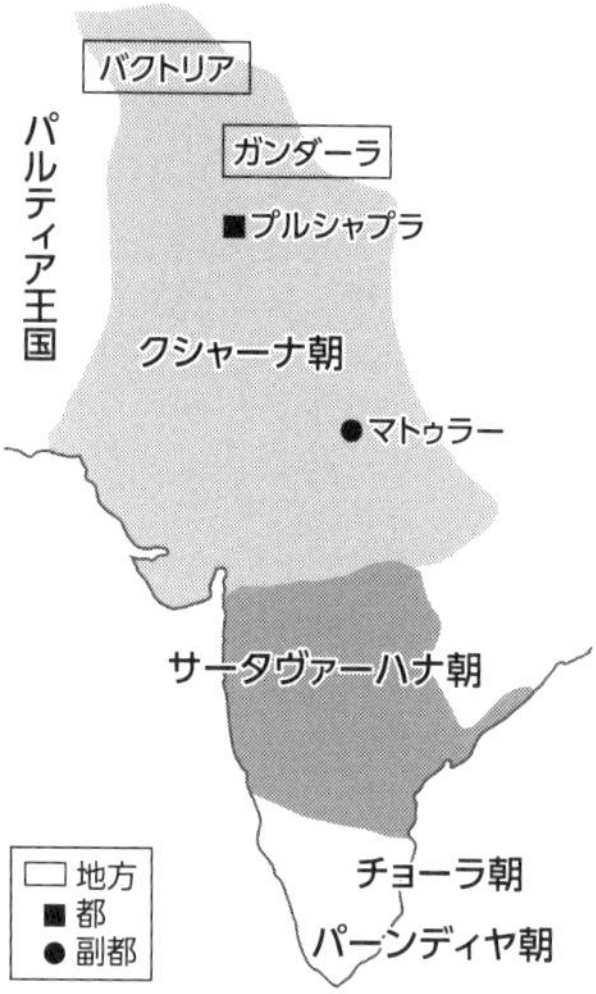

そんななか、中央アジアからペルシア（イラン）を通る交易路の一部が、古代ローマとパルティア王国の抗争により、たびたび通行できなくなりました。そこで、バクトリア地方から西北インドを通り、西インドの港湾から海路でローマへと向かう交易路が利用されるようになります。その交易路を押さえていたクシャーナ朝にはローマの金貨や銀貨などが流入し、それをクシャーナ朝の君主が改鋳し、自国の通貨としたことで貨幣経済が発達します。

貨幣には金銭としての価値だけでなく、内外に支配者が誰であるかを示す意味もあり、表面には王の肖像と共に、当時の国際言語の一つであるギリシア文字が刻まれていました。権力者が代われば、新たな肖像が刻まれた貨幣が鋳造されました。歴史的資料がとぼしい時代だけに、発行された当時の貨幣は貴重な存在になっています。

仏教の改革運動

クシャーナ朝は宗教に寛容な政策をとりました。そのことは、鋳造した貨幣にギリシアやペルシア、インドの神々が刻まれたことからもうかがえます。カニシカ1世は当時のペルシアを中心に信仰されていたゾロアスター教を信奉していましたが、仏教に関心を示し、仏典結集を援助したと伝えられています。

このころ、仏教に新しい動きが起こります。当時の仏教は各部派に分かれていましたが、いずれもみずから出家して修行をしたうえで解脱することを目的としており、ひとまとめに部派仏教と呼ばれます。しかし紀元前後になると、仏教の本質は出家して修行することではなく、人々を救済することだと主張する運動が起こります。運動を展開した僧侶らは、部派仏教は自己の解脱のみを目的とした「利己的で小さな乗物」である「小乗《しょうじょう》」と呼んでさげすみ、対して自分たちを「大きくすぐれた乗物」である「大乗《だいじょう》」と呼ぶようになりました。ちなみに、小乗というのは大乗側からの呼称のため、一般的には小乗仏教でなく、「上座部《じょうざぶ》仏教」と呼びます。

この大乗仏教運動に連動して、菩薩《ぼさつ》信仰も広まりました。仏教信者にとっての最終目標は悟りを得て「ブッダ（仏陀）」となること（成仏）です。その悟りを得るために努力する存在を「ボーディ・サットヴァ（菩薩）」といいました。とはいえ、一般の人々にとって菩薩を目指すこともむずかしいため、自己を犠牲にして人々を救済する菩薩にすがるという考えが大乗仏教の間で生まれ、救済に応じて「弥勒《みろく》」「観音《かんのん》」といったバリエーションの菩薩が生み出されました。

仏像が初めて彫られた

大乗仏教が成立したクシャーナ朝の時代は、ガンダーラ地方を中心として仏教美術が生まれた時代でもありました。

じつは、初期の仏教では偶像が禁じられていました。ブッダはあまりにも尊い存在であり、形にするのは不謹慎《ふきんしん》、あるいは形にできないという考えもあったのでしょう。けれども、ヘレニズム文化の影響が強いクシャーナ朝では、1世紀末になると、ガンダーラ地方で仏像がつくられ始めます。この地ではインド・ギリシア人の征服以来、ギリシアなど西方の神々の像がつくられ、崇拝されていました。それに仏教が結びつき、歴史上初めて、仏像や菩薩像がつくられたというわけです。彫りの深い顔立ち、ウェーブのかかった髪、衣のひだの表現には、明らかにギリシア彫刻の影響が見受けられます。

仏像は同時期のマトゥラーでもつくられました。こちらは赤砂岩《せきさがん》を材料とし、ガンダーラの彫刻にくらべると丸みのある表現が特徴です。凛々《りり》しい顔立ちのガンダーラ仏に対し、顔も丸顔で温和な印象を受けます。

この仏教美術とともに、大乗仏教が中央アジアを経由して中国、そして日本へと伝わることになります。北方を経由したので北伝仏教とも呼ばれます。一方、上座部仏教は紀元前3世紀にセイロン島に伝わったのち、時間をかけて現在のミャンマーやタイなど東南アジアに広まります。こちらは南伝仏教とも呼ばれています。

東西に広がるデカンの王朝

以上が、紀元前2世紀のマウリヤ朝滅亡後の西北インドを中心とした動きでした。では、そのほかの地域ではそのとき、何が起こっていたのでしょうか。

北インドのガンジス川中流域でシュンガ朝（くわしくは57ページを参照）が成立したとき、その南の「デカン」では、紀元前1世紀に「サータヴァーハナ朝」が勢力を広げます。デカンの大部分を占めるデカン高原は、北をヴィンディヤ山脈、西を西ガーツ山脈、東を東ガーツ山脈に囲まれた広大な台地で、サータヴァーハナ朝はこのデカン西北部から生まれ、そこから東方へと領域を伸ばしたという説が有力です。のちにデカン東部のアーンドラ族の地を支配したため、アーンドラ朝と呼ばれることもあります。

サータヴァーハナ朝は、アーリヤ人の進出にともなって南下していたドラヴィダ人が建国したと見られています。とはいえ、アーリヤ人の影響も受けており、王はバラモン教を奉じていました。王権の正統性を強化して階級社会の秩序を保つために、バラモン教のヴァルナをとり入れたという事情もあったのです。また、土地や村を与えることで積極的にバラモンの移住をうながしたため、この時代に多くのバラモンが北インドから移動してきました。

サータヴァーハナ朝は全盛期の2世紀には、インド亜大陸を東西に横断する領域を有していましたが、3世紀に入ると、国内の有力者が独立するなどして王朝は崩壊します。

南インドにドラヴィダ人国家

デカンから、さらに南に広がる「南インド」とされる地域はどうだったでしょうか。南インドとは、インド亜大陸の南端に位置する現在のインドにおけるタミル・ナードゥ州、カルナータカ州、ケーララ州、アーンドラ・プラデーシュ州、テランガーナ州など、ドラヴィダ系の人々が多く住むエリアを指します。

そこでは、紀元前3世紀ごろから「チョーラ朝」「パーンディヤ朝」「チェーラ朝」という三王朝が並び立つ時代が長く続きました。三王朝ともドラヴィダ系のタミル語を話す人々によって建国されたので、「タミル三王国」とも呼ばれます。

この時代の南インドには、北インドからヴェーダの神々やバラモン教の教えが入ってきましたが、タミル人が主に崇拝したのはムルガンなどタミル人個有の神でした。1～3世紀の間には古代タミル語による宮廷文学のシャンガム文学（サンガム文学）が生まれます。北インドではバラモン教や仏教思想をテーマにしたサンスクリット文学が主であったのに対し、シャンガム文学では恋愛や戦いをテーマにした詩が多いのが特徴です。

ローマとインドを結んだ海の道

1~2世紀のインドでは、西北インドにクシャーナ朝、デカンにサータヴァーハナ朝、そして南インドにタミル三王国が栄えていました。この時期の経済活動の特徴は、ローマと漢を結ぶ内陸路に代わり、地中海から紅海、あるいはペルシア湾を通り、アラビア海を横断してインドに至るルートを利用した海上交易が盛んになっていたことです。

紀元前後から2世紀末までは古代ローマの全盛期にあたり、有力貴族やローマ市民たちの間に東方の産物への興味が高まっていました。シルクロードという言い方の由来にもなった中国の絹、アラビア半島の香木、そしてインドの胡椒《こしょう》や綿布、宝石、象牙《ぞうげ》が人気の品でした。ローマからは陶器やガラス製品、ぶどう酒、オリーブ油が輸出されていましたが輸入額のほうが上回り、金貨が国外へと流出します。サータヴァーハナ朝や南インドでは、その古代ローマの金貨があちこちで見つかっています。

インド洋での交易が急に盛んになった理由の一つとして、季節風を利用してアラビア半島とインドの半島部を直接結ぶ航路が確立されたことがあげられます。この季節風はギリシア人のヒッパロスが発見したと伝えられたことから、古代ローマでは「ヒッパロスの風」と呼ばれていました。ただし、それ以前から、アラブ人やインド人の船乗りもこの季節風は利用していました。

エジプト在住のギリシア人航海者の手により、1世紀中ごろに成立したというインド洋貿易に関する航海案内書『エリュトラー海案内記』は、当時のインドの港や交易品、物産について記された貴重な記録です。同時期の古代ギリシアの天文学者プトレマイオスが著した『地理学』にもインドが登場しています。インド側でも、シャンガム文学の作中で交易の様子が描かれたものがあります。

古代ローマとの貿易を裏づけるものに、南インド東海岸のアリカメードゥ遺跡があります。この遺跡は『エリュトラー海案内記』に登場する港町のポドゥーケー（現在のプドゥチェーリ連邦直轄領の首府であるプドゥチェーリ）にあたり、古代ローマのガラス製品やぶどう酒を入れていた陶器の壺などが発掘されています。

海上交易のルートはインドからさらに東へとのび、現在のベトナムのオケオ遺跡など、東南アジア各地でこの時代のインドに関するものやローマ金貨が発掘されています。

グプタ朝が北インドで台頭

ここで北インドへ話をもどしましょう。北インドは紀元前2世紀のマウリヤ朝の滅亡後、多くの小王国が並び立っていましたが、それらガンジス川中流域一帯を征服し、マウリヤ朝の都と同じパータリプトラを都として、320年にグプタ朝が成立します。なお、創始者であるチャンドラグプタ1世の先祖は、ガンジス川下流域のマガダ地方の領主であり、マウリヤ朝を創始したチャンドラグプタとの間に血縁関係はありません。

チャンドラグプタ1世が本当にクシャトリヤであったかどうかはわかっていませんが、クシャトリヤの名門出身であるクマーラデーヴィーを妃とし、王となったことの正統性を主張しています。また、この時代につくられた金貨には、チャンドラグプタ1世と並んでクマーラデーヴィーが刻まれているのも、正統性を周知させる目的があったのでしょう。

グプタ朝第2代の王は、チャンドラグプタ1世とクマーラデーヴィーの息子であるサムドラグプタです。サムドラグプタは南インドにまで遠征したと伝えられ、グプタ朝の版図は拡大します。ただし、中央集権的な統治を行ったマウリヤ朝に対し、都に近いガンジス川流域こそグプタ朝は直轄地としましたが、遠い地域は服従を約束させて貢ぎ物を納めさせるなどの主従関係を結び、分権的な統治を行いました。

サムドラグプタの事績は、ガンジス川中流域に位置する都市のアラーハーバード（旧名プラヤーガ）に立つ、アショーカの石柱に刻まれた内容からうかがい知れます。これは、もともと刻まれていたアショーカの事績に加え、サムドラグプタが自身の事績を追記させたものです。そこからは、軍事的な業績以外にもサムドラグプタが学芸の愛好者だったことがわかっています。

また、当時の金貨のなかには、サムドラグプタがインド風の琵琶を奏でる姿や、大王のみが主催することを許されたヴェーダの儀式をとり行っている姿が刻まれたものもあります。

グプタ朝の時代のインド

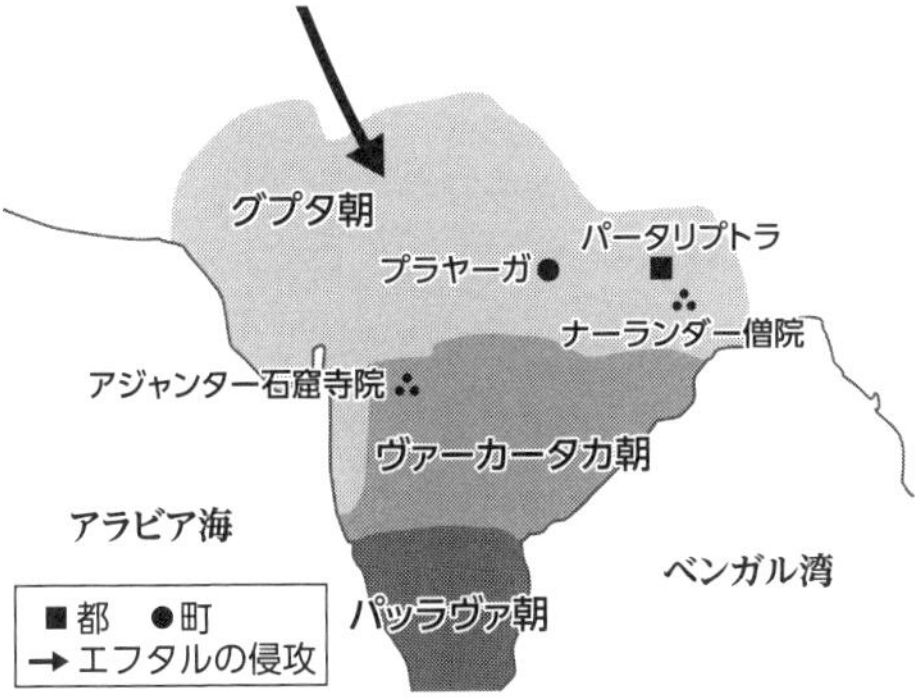

インドに留学する中国僧

4世紀末から5世紀にかけて、第3代のチャンドラグプタ2世のもとで、グプタ朝は全盛期を迎えます。チャンドラグプタ2世は同時期のデカンに存在したヴァーカータカ朝（くわしくは86ページを参照）に王女を嫁《とつ》がせて婚姻《こんいん》関係を結び、南方の憂《うれ》いを絶つと、版図を西に大きく広げ、アラビア海に面した港を手に入れます。

このチャンドラグプタ2世の治世時、中国の東晋《とうしん》の僧侶である法顕《ほっけん》が訪れ、多くのサンスクリット語の経典を中国へ持ち帰っています。法顕はチャンドラグプタ2世を「超日王」と呼び、パータリプトラの繁栄や往復の国々の様子などを旅行記『仏国記』として書き残しました。

第4代の王となるクマーラグプタ1世の治世にあたる5世紀前半も、おおむね安定した時代でした。クマーラグプタ1世はマガダ国の都であったラージャグリハ（現在のラージギール）近くに、仏教を学ぶための施設として「ナーランダー僧院」を建てています。この僧院には大小15の寺院が立ち、仏教大学と呼べるものであり、国内外から訪れた僧侶が学ぶようになります。その反対に6世紀初頭には、わたしたちもよく知る達磨《だるま》さんのモデルとされる、バラモンの出身で僧侶のボーディダルマ（菩提達磨）が、当時の中国へと渡ったとされています。

しかし、クマーラグプタ1世の治世末期には、西北インドに中央アジアの遊牧民のエフタル（フーナ族）がたびたび侵入してくるようになり、グプタ朝をおびやかします。そうしてグプタ朝が弱体化すると、従属関係にあった国々は次々に独立していき、6世紀に入ったころにはグプタ朝は小国になり、6世紀半ばには滅亡します。

古典文学の傑作が次々と

グプタ朝の全盛期の4～5世紀は政治の安定と経済の繁栄をもとに、インド古典文化が黄金時代を迎えました。

まずサンスクリット語が公用語とされたことから、宮廷を中心にサンスクリット文学が栄えました。

チャンドラグプタ2世の時代には、詩聖とされる宮廷詩人のカーリダーサが活躍します。その代表作が王であるドゥフシャンタと仙人の養女であるシャクンタラーとの悲恋を描いた戯曲《ぎきょく》『シャクンタラー』です。この作品はのちの近代ヨーロッパにおいて翻訳された初のサンスクリット文学で、英語のほか、フランス語やドイツ語にも訳されました。なかでもドイツ語訳は、詩人・劇作家であるゲーテの戯曲『ファウスト』に影響を与えています。カーリダーサの代表作にはほかにも、叙情詩『メーガドゥータ』などが知られています。

ヴィシャーカダッタの歴史戯曲『ムドラーラークシャサ』もサンスクリット文学の代表作としてあげられるでしょう。性愛文学書として今に伝わる『カーマスートラ』が書かれたのも、グプタ朝の時代です。

天文学や数学なども発達しました。十進法による数字の表記法やゼロの概念が、この時代のインドで生まれていま

そのころ、日本では？

紀元前5世紀ごろにインドで成立した仏教が、日本に伝来したのは538年（一説に552年）です。朝鮮半島南部に存在した百済《くだら》の聖明王《せいめい》が日本に遣わした使節が、持参した仏像や経典を欽明《きんめい》天皇に献上したのです。これ以降、日本でも仏教が広く信仰されるようになっていきます。

す。今日においてこれらがアラビア数字と呼ばれるのは、インド数字と呼ばれていたものが、アラビア経由で中世ヨーロッパに伝わったためです。

美術の分野で代表的なものが、マトゥラーでつくられた仏像群です。ギリシア文化の影響を受けたガンダーラ美術とは異なり、グプタ様式という当時のインド人の美意識が表されています。

ヒンドゥー教は自然発生した!?

今日のインドで、人口のおよそ8割が信仰するヒンドゥー教——そのヒンドゥー教が民族宗教として成立したのが、このグプタ朝の時代です。

ヒンドゥー教には特定の開祖もいなければ、唯一の聖典もありません。入信の儀式や全体を束ねる組織や階級もありません。複数の神を信仰する多神教であり、自然崇拝的な信仰から哲学に至るまで、あらゆる要素を含んだ宗教です。

インドではアーリヤ人のインド進出とともに、アーリヤ人の宗教であるバラモン教が伝わりました。バラモン教で重要なのは神に対する厳密な儀式と、身分制の維持です。

しかし長い年月が経つうち、バラモン教とインド先住民の宗教や習慣、儀式などが結びつくようになりました。

　バラモンの司祭は当初、バラモン、クシャトリヤ、ヴァイシャの上位三ヴァルナにのみ儀式を行い、被征服民で第四身分のシュードラを儀式から排除していました。ところがグプタ朝時代になると、ヴァルナにも変化が起こり、ヴァイシャは商人のヴァルナに、シュードラは農民のヴァルナへと変化し、シュードラも儀式に迎えるようになっていきました。その理由として、バラモンたちの生計の維持という問題があげられます。バラモンたちは儀式を行うことで対価を得るので、生活するためにも人口の圧倒的多数を占めるシュードラたちにも儀式を施すようになったのです。その際、シュードラが信仰する像や慣習も取り込まれていきました。

　そうして時が経つうち、バラモン教由来のインドラやアグニといった古代の神々の存在は薄まり、シヴァやヴィシュヌといった新しい神々が民衆の人気を集めていきます。こうしてバラモン教と先住民の宗教が少しずつ融合していき、ヒンドゥー教が成立していったのです。

二大叙事詩

ヒンドゥー教には聖典とされる二大叙事詩『マハーバーラタ』と『ラーマーヤナ』がありま す。この二つは、グプタ朝の初期までに今日に伝わっている内容に形づくられました。

『マハーバーラタ』は、後期ヴェーダ時代のバラタ族の王位と領地をめぐる争いの物語で、18巻10万頌《しょう》の詩句と1万6000頌の付編からなる大長編です。パーンダヴァ家の5人の王子とカウラヴァ家の100人の王子たちの戦いを描いたもので、多くの教訓や神話が盛り込まれています。

その一部に、ヒンドゥー教徒が聖典として尊ぶ『バガヴァッド・ギーター(神の歌)』が登場します。これは、ヴィシュヌに恵みを乞《こ》い、果たすべき義務を遂行せよという内容の詩です。『マハーバーラタ』には、ヴィシュヌの化身《けしん》であるクリシュナが、パーンダヴァ家の三男にあたるアルジュナの戦車に乗り込んで、馬を操る場面が出てきます。ここでクリシュナは、友人や知人との戦いをためらうアルジュナに自分の正体を明かし、

「クシャトリアとしての義務を果たすことが神への献身である」と説くのです。

戦争は18日間続き、両軍におびただしい被害が生じ、たくさんの登場人物が死を迎えます。最終兵器により敵が猛火に包まれる描写もあり、それが「古代に核戦争があったのではないか？」という超古代文明での核戦争説に引用されることがあります。学術的な根拠はもちろんありませんが、その要素は小説やコミック、アニメーション作品（『天空の城ラピュタ』のインドラの矢など）でとり入れられています。

なお、インドで人気のスポーツであるカバディの普及をはかる日本カバディ協会によると、1人の攻撃手に対して7人の守備側が配置されるカバディの基本ルールは、『マハーバーラタ』の主人公（アルジュナ）の息子が7人の敵に囲まれて突破を試みた話がもとになっているといいます。さらに時代をさかのぼると、複数人で獲物を取り囲んで狩りをすることが由来になったとも考えられています。

『マハーバーラタ』にくらべると話の流れは比較的すっきりとしているとはいえ、『ラーマーヤナ』は7巻2万4000頌の詩句からなる長編です。

コーサラ国の王子であるラーマは陰謀により王宮を去ることになり、妻のシーターと異母弟のラクシュマナをともなって森に行きます。しかし、そこで魔族の王であるラーヴァナによりシーターをさらわれてしまいます。ラーマは猿神であるハヌマーン（ハヌマット）の助けを借り、ラーヴァナを倒してシーターを救出するという物語です。

インド文化を広く受け入れた東南アジアで『ラーマーヤナ』は、タイでは民族叙事詩『ラーマキエン』のもとになっているほか、インドネシアではバリ舞踊や男性合唱舞踊のケチャ、影絵芝居のワヤン・クリッの演目にもなっています。

神が神を取り込んだ？

多神教のヒンドゥー教には多くの神々がいます。その頂点に位置するのがシヴァ、ヴィシュヌ、ブラフマーの三大神で、信仰対象の大半はシヴァとヴィシュヌです。現在のインドにあるヒンドゥー教寺院の大半は、この二神か、その親族の神を祀っています。

最も人気があるのは、創造と破壊の神のシヴァです。インダス文明の遺跡で出土した印章にシヴァと見られる姿がありますが、このときはまだ重要な神ではありませんでした。しかし、時代が下るにつれて、ほかの神や地方神の要素を取り込み、ヒンドゥー教の主神とされていきます。

シヴァは「舞踏の王」を意味するナタラージャとも呼ばれ、演劇や舞踏の創始者とされ、その姿は各地の遺跡の壁面などに刻まれています。そのため、インドでは踊ることも踊りを観ることも身近なものとなり、民衆の間で根づいているのです。

シヴァの親族とされる神々も厚く信仰されています。その妻であり、山の女神であるパールヴァティーは慈悲に満ちた豊穣の女神ですが、戦いの女神であるドゥルガーや殺戮《さつりく》と破壊の女神であるカーリーも、パールヴァティーが変身した姿とされています。各地の地母神を取り込んでいった影響でしょう。シヴァの息子には、象の頭をした富の神であるガネーシャと、軍神のスカンダがいます。

シヴァと並び人気を二分するヴィシュヌは世界を維持する神で、慈悲の神でもあります。多くの化身（十化身）を持つとされ、『ラーマーヤナ』に登場する王子のラーマ、

『マハーバーラタ』に登場する英雄のクリシュナ、仏教の開祖であるガウタマ・シッダールタもその化身とされます。そして、美と富の女神であるラクシュミーが妻とされています。

ヴィシュヌが多くの名を持つことは、やはり各地の神を取り込んでいったからです。その地方で崇拝されていた神がじつはヴィシュヌだったということであれば、今までどおり神に祈りを捧げていれば、ヴィシュヌに祈るのと同じことになります。ガウタマ・シッダールタもヴィシュヌの化身ならば、仏教徒もヒンドゥー教徒の一派ということになるのです。

こうして長い時間をかけてインドの土着の神々は、シヴァとヴィシュヌの二神、またはその親族としてヒンドゥー教に取り込まれていったのです。

天竺への旅路が『西遊記』に

グプタ朝の滅亡後、諸王国が勢力を競い合うなかから抜け出して、北インドを統一した人物がハルシャ・ヴァルダナです。606年、王であった兄の死を受けてプシュヤブ

7世紀のインド

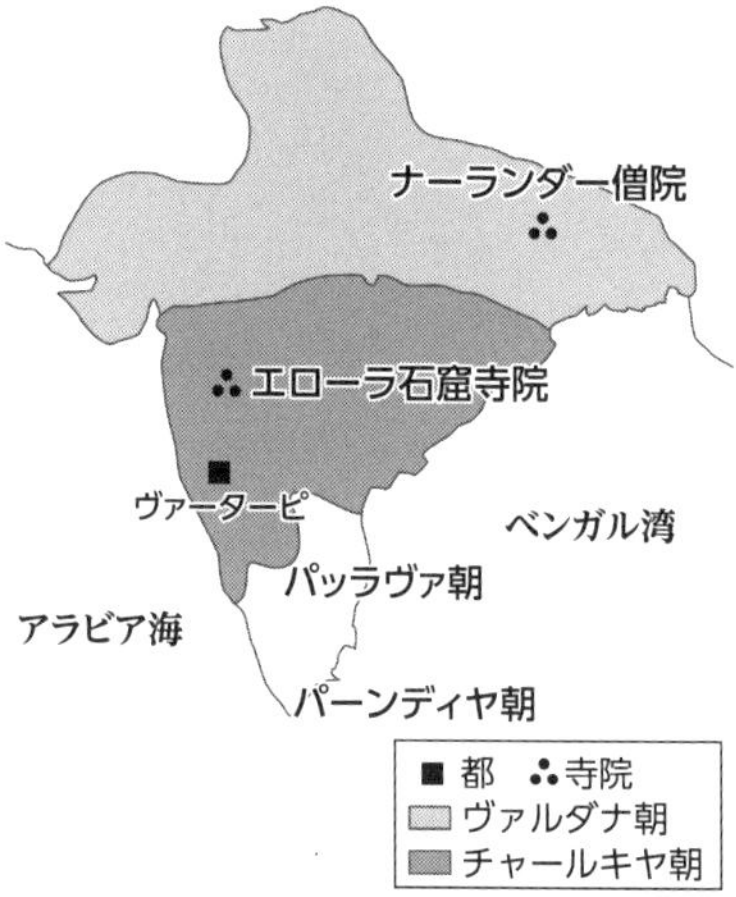

ーティ朝の王位を継いだハルシャは、隣国のマウカリ朝の後継者にも選ばれ、両国を合わせて「ヴァルダナ朝」を創始します。ハルシャはマウカリ朝の都をそのまま自国の都とすると、外交と軍事の才能を発揮し、短期間で北インドの大半を統一しました。

ハルシャは王朝の中心となるガンジス川の上・中流域こそ直接支配しましたが、それ以外の地については、その地を以前から治める領主が服従すれば、そのまま土地の支配を認めるという封建的な統治体制を敷きました。これは、エフタルの侵入以降の北インドでは商業活動が停滞しており、家臣への給与は貨幣でなく土地からの収入にせざるを得ないという事情もありました。西部や北西部の遠隔地の領主とは同盟を結ぶに留まりました。

ハルシャは南進してデカンへの進出をはかりますが、そのころデカンに存在した「チャールキヤ朝」（くわしくは86ページを参照）との戦いに敗れ、その望みはかなわず、ハルシャが647年ごろに没すると王位継承争いが起こり、ヴァルダナ朝はほぼ一代で滅ぶことになります。

ハルシャはヒンドゥー教徒でしたが仏教にも理解を示し、みずから仏教思想を表した戯曲『ナーガーナンダ』を著したといわれています。そのため、仏教の中心地となっていたナーランダー僧院にはアジア各地から僧侶が訪れます。そのなかには、中国の唐《とう》からやってきた玄奘《げんじょう》（三蔵法師）の姿もありました。

玄奘は仏典の原典を求めて、630年にインド（当時の呼称は天竺）に到着します。ハルシャに厚遇された玄奘はナーランダー僧院で仏教を学んだだけでなく、インド各地を旅しました。帰国後、持ち帰った経典の翻訳とともに著した旅行記『大唐西域記《だいとうさいいきき》』によって、ハルシャ治世時のインドの様子が伝わっています。のちにこの書を参考にして文学作品である『西遊記』が成立します。

玄奘がインドで仏教を学んでいた641年には唐の皇帝である太宗《たいそう》へ、ハルシャは使節を送り、太宗もその返礼として使節をハルシャのもとに送りました。

石窟寺院の建造が盛んに

北インドに限らず、デカンでも文化が花開きます。デカンでは、サータヴァーハナ朝（68ページを参照）の滅亡後、3世紀に「ヴァーカータカ朝」が興り、版図を広げていきます（73ページの図を参照）。この王朝は4世紀中ごろにグプタ朝のサムドラグプタとの戦いに敗れますが、その後、グプタ朝のチャンドラグプタ2世の王女を迎え入れて縁戚関係を結び、協力体制を築きます。ヴァーカータカ朝はバラモンへ土地を寄付し、北インドからの移住を積極的にうながしました。

このデカンの文化遺跡の代表がアジャンター石窟《せっくつ》寺院です。質素な僧院として紀元前1世紀から造営が始まった石窟は、5〜6世紀に最盛期を迎えると仏像や壁画で飾られ、寺院としての機能も果たすようになります。美術的価値が高いのは第1窟で、仏教説話にもとづく壁画や、ブッダを守護する蓮華《れんげ》手守門神の壁画はインド古典文化の傑作です。30におよぶ石窟群は、「アジャンター石窟群」として、1983年にインド初の世界文化遺産に登録されました。

ヴァーカータカ朝が6世紀中ごろに滅んだあと、西デカンに進出したのが「チャールキヤ朝」です（84ページの図を参照）。この王朝は6世紀中ごろに現在のインド南部のカルナータカ州北部を中心として自立し、南進するハルシャ・ヴァルダナの軍隊を打ち破り、デカンへの進出を阻止する一方、南インドのパッラヴァ朝とも争い、一時はパッラヴァ朝に侵攻して、その都に迫る勢いを見せます。

このチャールキヤ朝のもとでも多くの石窟寺院がつくられました。しかし、ヒンドゥー教の広まりと反比例して仏教は衰退期に入り、ヒンドゥー教やジャイナ教の石窟が目立つようになります。都が置かれたヴァータービ（現在のバーダーミ）に立つヒンドゥー教の石窟寺院や、その周辺に当時存在した商業都市のアイホレのジャイナ教石窟寺院がその代表です。

石窟寺院としては、デカン高原のエローラにあるシヴァを祀ったカイラーサナータ寺院が有名です。これ

は岩山を真上から掘り下げてつくり出した、いわば彫刻のような建築物です。エローラには5～10世紀につくられた石窟寺院が全部で34もあり、初期は仏教のものばかりですが、7世紀以降はヒンドゥー教の石窟が増えていきます。この「エローラの石窟群」も世界文化遺産に登録されています。

7～8世紀には、石窟だけでなく石造寺院もつくられ始めました。このことは、寺院を自由に設置できるということであり、宗教の伝播《でんぱ》に大きな意味を持ちました。ヴァーターピ周辺に位置する、アイホレのドゥルガー寺院や、かつて大都市だったパッタダカルの複数のヒンドゥー教寺院などがその例です。破壊をまぬがれて比較的良好な状態で残った「パッタダカルの寺院群」も、世界文化遺産に登録されています。

そのころ、日本では？

奈良時代、疫病《えきびょう》や飢饉などに見舞われていたことを憂えた聖武《しょうむ》天皇は、仏の力で厄災を取り払おうと東大寺を建立し、752年には本尊である大仏の開眼供養会《かいげんくようえ》が営まれます。このとき開眼の導師を務めたのが、インド出身で僧侶のボーディセーナ（菩提僊那《ぼだいせんな》）でした。

ヒンドゥー教が南インドで浸透

南インドでも、北インドと同様に、変化が生じました。チョーラ朝、パーンディヤ朝、チェーラ朝の三王国は衰え、3世紀になると混乱期に突入します。6世紀にはパッラヴァ朝が台頭、次にパーンディヤ朝が復興しました。そして、デカンのチャールキヤ朝とが争っていたことがわかっています。

そうした勢力争いのなかで、重要な社会変化が生じます。6世紀ごろ、南インドにヒンドゥー教が伝わると、それまで信仰されていた仏教やジャイナ教、土着宗教などに代わり、ヒンドゥー教が広まっていきます。そのきっかけとなったのが、「バクティ信仰」です。修行や知識を得ることで解脱の道が開かれるのではなく、シヴァやヴィシュヌといった最高神を人間的な姿で思い描き、肉親に接するように愛して、その恵みにすがれば解脱をはかれるという信仰です。この信仰は、吟遊《ぎんゆう》詩人などを中心にしてインド全土に広まっていきました。これを「バクティ運動」といいます。

南インドにおけるヒンドゥー教の浸透は、現代の南インドの信仰からもわかります。

パッラヴァ朝の都だったマドゥライ周辺で崇拝される男神のムルガンは、もともとドラヴィダ人が信仰する神でしたが、シヴァの息子である軍神のスカンダと同一神とされ、ヒンドゥー教に取り込まれていきました。また、マドゥライで最も有名な寺院であるミーナークシ寺院で祀られている土着の女神のミーナークシも、シヴァの妻であるパールヴァティーの別名とされました。

このように、南インドでもヒンドゥー教の信者が増えていった反面、他宗教の信者は減っていき、とくに仏教は著しく衰退していくことになるのです。

7世紀になると、南インドでも石材を積み重ねた石窟寺院の建築が始まります。パッラヴァ朝の時代に建てられた代表的なヒンドゥー寺院建築として著名なのが、港湾都市のマハーバリプラムに立つ五つのラタと海岸寺院です。ラタは祭りで使われるいわば山《だ》車《し》のことで、この五つの寺院は山車を模した屋根を持ち、その後のドラヴィダ建築様式の原型となりました。シヴァとヴィシュヌを祀る海岸寺院は、8世紀初頭に建造された初期の石造寺院です。いずれの建造物も「マハーバリプラムの建造物群」として世界文化遺産に登録されています。

南インドでチョーラ朝が発展

9世紀末から13世紀末まで、南インドで大きな勢力を持ったのが、「チョーラ朝（後期チョーラ朝）」でした。もともとパッラヴァ朝の臣下だったチョーラ家は、パッラヴァ朝とパーンディヤ朝が抗争をくり返すなかで力をつけ、やがて主君を殺してパッラヴァ朝を併合します。この王朝は、紀元前3世紀から紀元3世紀まで南インドに存在したチョーラ朝（前期チョーラ朝）と名前は同じですが、直接の関係はないようです。

チョーラ朝は985年にラージャラージャ1世が即位すると急速に勢力を拡大し、セイロン島に存在したシンハラ王国を攻めてその北部も版図に加え、北に向かってはチャールキヤ朝に勝利しました。そして息子のラージェーンドラ1世の時代にあたる11世紀前半には最盛期を迎え、版図は最大になります。

チョーラ朝が強大になった理由の一つとして積極的な海上貿易があげられます。この時期、西方ではアッバース朝やセルジューク朝といったイスラーム王朝が大いに栄え、アラブ商人たちのネットワークはインドを経由して東南アジアや中国まで続いていました。ラージェーンドラ１世は海上貿易の覇権をかけて、１０２５年ごろに東南アジアのシュリーヴィジャヤ王国へ軍隊を送り込みマレー半島の都市を落としたほか、アラブ商人にとって重要な海上貿易の拠点だったモルディブ諸島も攻略しています。また、遠く中国の北宋《ほくそう》にも使節を送った記録が残っています。

その豊かな国力を象徴するのが、ラージャラージャ１世によって建立された壮大なブリハディーシュヴァラ寺院です。本堂の頂部は高さおよそ60メートル。シヴァを祀るとともに、自身の神格化も兼ねたといいます。南方寺院建築の最高峰の一つとされるブリハディーシュヴァラ寺院は、「大チョーラ朝の寺院群」として世界文化遺産に登録されています。

北インドのラージプート

では、ここで再び北インドの情勢にもどりましょう。7世紀のヴァルダナ朝の滅亡後、北インドでは多数の小王国が乱立していました。小王国の君主にはラージプート族が多かったので、8世紀から12世紀にかけてを「ラージプート時代」ともいいます。

ラージプートとはサンスクリット語で「王子」を意味するラージャプトラが訛ったもので、クシャトリヤの子孫であることを意味します。ただし、実際にそれぞれの氏族がクシャトリヤだったかというとそうではなく、バラモンの協力を得て、はるか昔の神々に通じる家系を作成することで出自の正統性をうったえ、権威づけとしたのです。

ラージプートは氏族の結びつきを守り、武勇を尊ぶヒンドゥー教徒でした。この時代のラージプート諸国をはじめとしたヒンドゥー諸王国は「サーマンタ体制」と呼ばれる封建・分権的な体制を採用していました。この体制では、王（マハーラージャ）は諸侯（マハーサーマンタ）に領地を与え、諸侯はその代わりとして国に税を納めたり、戦時には軍隊を提供したりしました。

諸侯も家臣に領地を与えて、納税と戦時の軍隊の提供を受けるというような主従関係を結びました。この体制では、そこに住む農民も財産の一部と考えられました。そのため農民は移動の制限があるだけでなく、納税のほかに労働の提供なども課せられました。

こうした封建制度が成立したのは、貨幣経済が長期にわたり衰退していたので、貨幣による報酬の支払いができなかったという事情もあります。

9～10世紀のインド

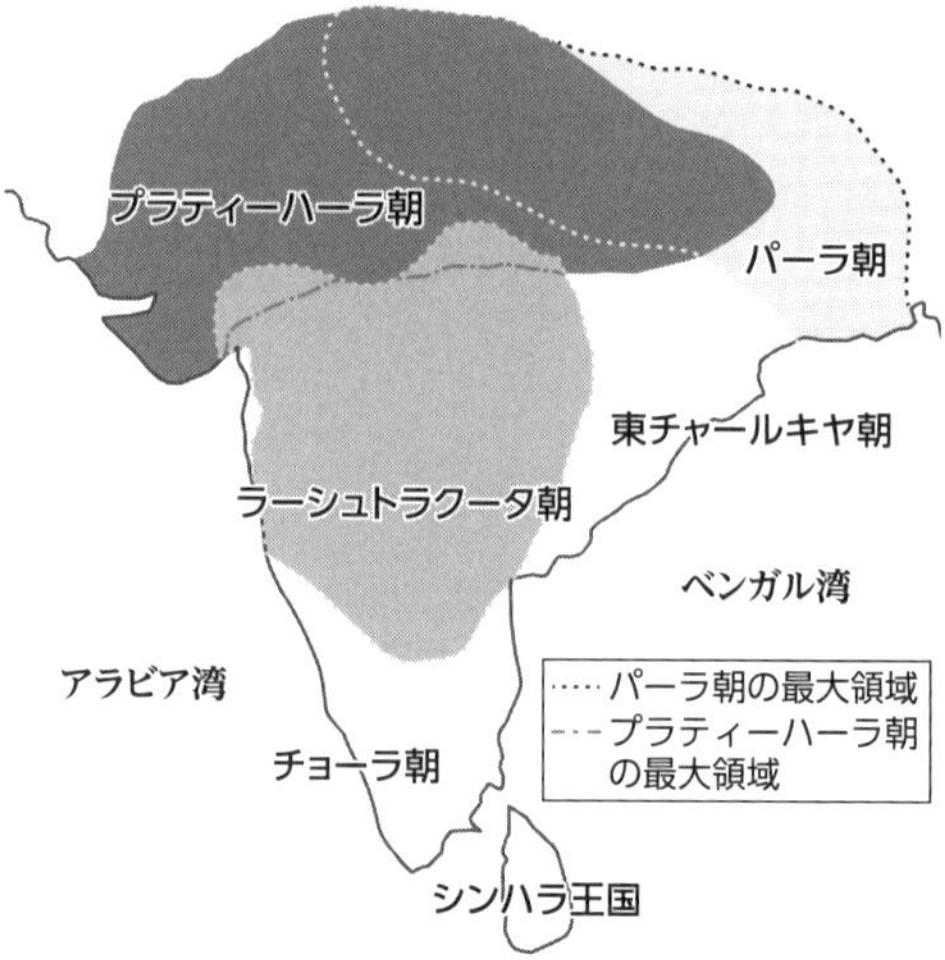

ラージプート諸国のなかで、最大の版図を築いたのが「プラティーハーラ朝」です。祖先はエフタルとともに中央アジアからやってきたという説もありますが、王家はラージプートを自称していました。

9世紀初頭に成立したプラティーハーラ朝は、ヴァルダナ朝の都をそのままを都とし、9世紀には北インド全域に領域を広げ、インダス川流域まで勢力を伸ばしつつあったイスラーム勢力への防波堤となり、そのインドへの進出を防いでいました。

プラティーハーラ朝と対抗していたのが、主君であるチャールキヤ朝の王から地位を奪って8世紀中ごろにデカンで成立した「ラーシュトラクータ朝」と、ガンジス川下流域のベンガル地方で8世紀中ごろに興ってガンジス川中流域へ勢力を拡大した「パーラ朝」です。

ラーシュトラクータ朝はヒンドゥー教を奉じる、ラージプートの一勢力です。200年あまりにわたってデカンを支配しましたが、973年に臣下となっていたチャールキヤ家に王位を奪われて滅亡します。こうして10世紀に成立したチャールキヤ朝は、後期チャールキヤ朝とも呼ばれ、6~8世紀に存在したチャールキヤ朝（前期チャールキヤ朝）と区別されます。パーラ朝は、豊かな農業生産とガンジス河口域に位置する港を通じた海洋交易で栄えました。また、ヒンドゥー教を奉じる国が多いなかで仏教を保護し、多くの僧院を建てたという特徴があります。ナーランダー僧院もその仏教活動の中心となりました。その後、パーラ朝は徐々に弱体化しながらも12世紀後半まで存続します。

9世紀を最盛期としてプラティーハーラ朝は衰退し、1018年にはトルコ系のイスラーム王朝であるガズナ朝の攻撃を受けて都が陥落後、ほどなくして滅亡します。そうして、プラティーハーラ朝の支配下から独立した「チャーハマーナ（チャウハーン）朝」が成立し、西北から押し寄せるイスラーム勢力と戦いをくり広げるのです。

インドの食べものと飲みもの

日本のカレーとは違う?本場のインドカレー

日本人にとって国民食ともいえるカレーライス、好物という人も多いでしょう。それでは、〝本場のインドにカレーはない〟というのを聞いたことはないでしょうか。

日本とくらべて気温の高い地域が多いインドでは、発汗作用や食欲増進といった効果があるスパイスを使った料理が古くから食べられていました。そして大航海時代、インドを訪れたポルトガル人がスパイス料理を「カリ」と記録し、英語で「カリー」と呼ぶようになったといいます。カリとは、南インドの言葉で「食事」や「おかず」を意味します。つまり、インドにはカレーという名の料理はなく、インドで食されているスパイシーな煮込み料理を、外国人がまとめてカレーと呼んでいるにすぎないのです。

インドのカレーは日本のものとは大きく異なります。家庭ごとに調合したスパイスを入れて煮込んでつくられます。北インドでは、クリームなどを加えたとろみのあるカレ

ーが、小麦粉でできたナンやチャパティとともによく食べられます。一方の南インドでは、汁気が多くさっぱりしたカレーとともに米がよく食べられます。

また、仏教やジャイナ教の不殺生の教えがバラモン教やヒンドゥー教にも影響を与えた結果、インドにおけるベジタリアンの割合は23～37％を占め、世界最多です。肉はまれにしか食べないという人も多くいます。

飲みものとしては、濃厚なミルクティーのチャイ、ヨーグルトドリンクのラッシーが人気です。甘味たっぷりのミルクコーヒーも南インドで飲まれています。なお、飲酒はヒンドゥー教の教義にふれ、禁酒運動が盛んなこともあって、公に飲む人は多くいません。

知れば知るほどおもしろいインドの偉人❷

近代の学問に影響を与えた天文学者

ブラフマグプタ

Brahmagupta

（598 ～ 665 ごろ）

数字の「０」を発見したとされる

わたしたちが日常生活であたり前のように使っている「0《ゼロ》」を用いて、初めて計算したとされている人物が、ブラフマグプタです。

ブラフマグプタはインド中部の町で暮らし、その地にあった天文台の責任者を務めていました。

30歳のころには、天文学書『ブラーフマスプタ・シッダーンタ』を著し、月食や日食の予測、惑星の位置について言及しています。この書には数学に関する章も存在しており、そこでは方程式や図形の問題に関すほか、0を用いた演算についての見解を述べています。また67歳のときには、天文計算書『カンダカードヤカ』を著しました。

ブラフマグプタの著作は、インドにおける天文学と数学に留まらず、イスラーム圏を経由してヨーロッパにまで伝わるなど、学問に大きな影響を与えました。

chapter 3

イスラームの進出

アフガンからの侵略

北インドに成立したヴァルダナ朝に玄奘が訪れていた7世紀前半、アラビア半島ではイスラーム教が成立します。それから1世紀も経たない711年、イスラーム王朝であるウマイヤ朝の軍が西北部から押し寄せ、インダス川下流域と中流域（ともに現在のパキスタン）に達しました。しかしその後は、ウマイヤ朝からアッバース朝への王朝交替があり、本格的なイスラーム勢力のインド進出までには間が空きます。

次にイスラーム勢力のインド進出が始まるのは、11世紀のガズナ（ガズニ）朝の時代です。ガズナ朝は、中央アジアを拠点としたサーマーン朝の軍人のアルプテギンが、現在のアフガニスタン東部のガズナ地方を占拠して自立して打ち立てたトルコ系の王朝です。アルプテギンの元部下で王となった父の後を継ぎ、マフムードが998年に即位すると、その勢力を拡大していきます。

ガズナからインド西北部のガンダーラ地方、続いてパンジャーブ地方へと進み、そこを拠点としてガンジス川とヤムナー川の中流域へ進出しました。1016年にはマトゥラー、1018年にはプラティーハーラ朝の都を陥落させ、町や寺院を徹底的に破壊しています。マフムードの目的はインドの占領ではなく略奪だったので、目的を果たすとガズナにもどっていきました。

12世紀末になると、「ゴール朝」のムイズッディーン・ムハンマドによる北インドへの進出が始まります。ゴール朝は、現在のアフガニスタン中部のゴール地方を拠点とした王朝です。当初はガズナ朝に服属していましたが、ムハンマドの時代に勢力を拡大し、1186年に弱体化していたガズナ朝を滅ぼしたのです。

1191年、ゴール朝軍は、ヤムナー川の流域に位置するチャーハマーナ朝の都だったデリーへ侵攻しますが、それをチャーハマーナ朝の王らが率いるラージ

ゴール朝時代のインド

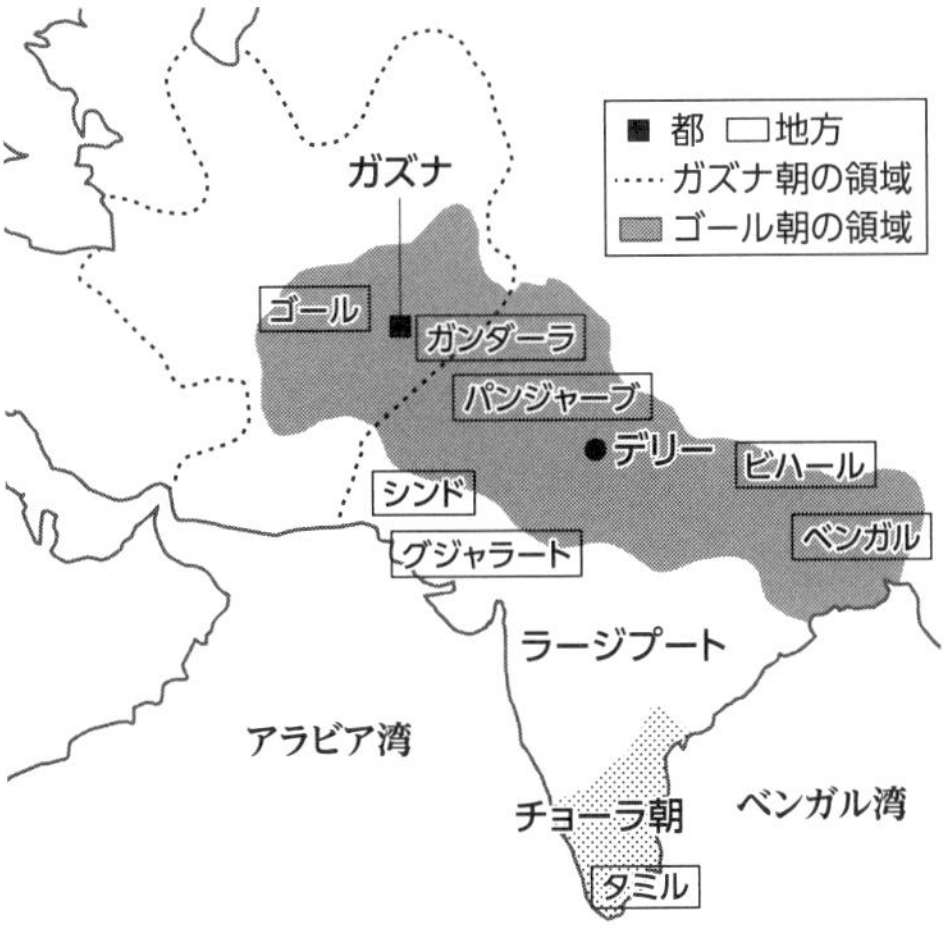

プート連合軍が迎え撃ちます。デリー北方で起こったこのタラーインの戦いでは、ラージプート連合軍が勝利しました。しかし翌年、同じ場所で起こった戦いでゴール朝軍が勝利します。1193年にはゴール朝の将軍であるクトゥブッディーン・アイバクがデリーを陥落させ、北インドの征服事業を進めます。

ゴール朝軍はベンガル地方にまで兵を進め、ビハール地方にあったインド仏教の最後の拠点だったヴィクラマシラー大学を破壊しました。このできごとによって僧侶たちは近隣諸国へ逃れ、インドの仏教教団はほぼ消滅したと見られています。

こうして、北インドの大半をまたたくまに征服したムハンマドは1202年に病死し、その弟が後を継ぎますが、1206年、ガズナにもどる途中で敵対勢力により暗殺されます。

奴隷が君主の王朝?

主君が暗殺された混乱に乗じてアイバクはデリーで独立し、1206年に王朝を創始して「スルタン」を自称しました。スルタンとはイスラーム教スンナ派の君主の称号です。アイバクはゴール朝のマムルークだったため、この王朝は「奴隷王朝」と呼ばれています。「マムルーク」とはアラビア語で「奴隷」のことですが、主にトルコ・モンゴル系の奴隷出身の軍人を指します。ただし、マムルークはわたしたちがイメージするような単純に使役される奴隷ではなく、幼いころから軍人教育を施《ほどこ》されたプロの軍人です。アイバク以降に君主となった人物も奴隷出身、あるいはその直系の子孫でした。

奴隷王朝のあとも、「ハルジー朝」「トゥグルク朝」「サイイド朝」「ローディー朝」と、デリーを都に、スルタンを君主としたイスラーム政権が続きます。320年にわたるこれら5王朝をまとめて「デリー・サルタナット」、または「デリー・スルタン朝（デリー諸王朝）」と呼びます。とはいえ、トゥグルク朝がほぼインド全域を支配下に置いたのに対し、サイイド朝はデリー周辺しか支配がおよびませんでした。支配者は最後のアフガン系のローディー朝を除けば、残りの4王朝はトルコ系の王朝でした。

1211年にアイバクの後を継いだのは、マムルーク軍人でアイバクの娘婿《むすめむこ》にあたるイルトゥトゥミシュでした。イルトゥトゥミシュは有能な君主で、スルタンの権力を強化し、東西へ版図を広げています。

そんなイルトゥトゥミシュにも危機が訪れます。この時代はチンギス・ハンに率いられたモンゴル族が中央アジアへの進出を活発化させていました。1231年には中央アジアのホラズム・シャー朝が滅ぼされ、その後継者がイルトゥトゥミシュのもとにやってきて援助を要請します。しかし、モンゴル軍に攻められる口実を与えないよう要請を断りました。後継者がイランへ去ると、迫っていたモンゴル軍も後継者を追ってインドを去ります。

ひとまず危機は回避できましたが、モンゴル軍の侵攻は時間の問題でした。その後も中央アジアに建国されたモンゴル帝国の一部であるチャガタイ・ハン国がパンジャーブ地方から侵入したり、13世紀後半にはイランに建国された同じくモンゴル帝国の一部であるイル・ハン国がシンド地方をおびやかしたりするようになります。

そのころ、日本では？

平安時代末の源平の争いを描いた『平家物語』が、13世紀に成立します。その序文に「祇園精舎《ぎおんしょうじゃ》の鐘《かね》の声（中略）沙羅双樹《さらそうじゅ》の花の色（以下略）」とあります。祇園精舎は古代インドに存在した建物でブッダが説法を行い、2本のサーラという木の下でブッダが入滅しています。

１２８７年に奴隷王朝のスルタンだったバルバンが没すると、その混乱中に将軍のジャラールッディーン・ハルジーが王位に就き、１２９０年にハルジー朝を創始します。

第二のアレクサンドロス

ハルジー朝の創始者はトルコ系ハルジー族のジャラールッディーンですが、この王朝を強大にしたのは甥《おい》にあたるアラーウッディーン・ハルジーです。

１２９６年、ジャラールッディーンの命令でデカンのヤーダヴァ朝の都を陥落させたアラーウッディーンは、その戦利品をもとに自軍の装備や宮廷工作費を整えると、陣中にやってきたジャラールッディーンを殺害し、スルタンに即位しました。即位してまもなく、モンゴルの大軍がデリー近郊に迫りますが、アラーウッディーンはこれを撃退し、名をあげます。

アラーウッディーンは北方でモンゴル軍に対峙《たいじ》する一方、西インドやラージプートの諸城を次々と攻略していきました。その後、服属していたヤーダヴァ朝が背いたため兵を差し向け、ヤーダヴァ朝の王を捕らえてデリーに送り、さらに南インドにも侵攻し、その軍はインドの南端近くまで達しました。ただし、南インドの遠征の目的は戦利品を得るためで、支配することではありませんでした。同時期にはアフガンにも兵を送り、モンゴル軍を撃退しています。こうした数々の勝利により、アラーウッディーンは「第二のアレクサンドロス」を自称したと伝えられています。

戦いに明け暮れたアラーウッディーンは、軍を維持するために内政改革にも取り組みました。穀物価格などの物価を統制しつつ、農民には収穫高の半分という重税を課し、金銭で納めさせます。この制度のいくつかはのちの王朝に受け継がれました。

ハルジー朝の最大領域は南インドにおよびましたが、アラーウッディーンが1316年に没すると、内紛により急速に衰退していきます。

ティムールが侵攻してきた

ハルジー朝の内紛に乗じて、1320年にトゥグルク朝を創始したのが、ギヤースッディーン・トゥグルクでした。ギヤースッディーンは即位すると弱体化していたデカン東部のカーカティーヤ朝と南インドのパーンディヤ朝を滅ぼして、ほぼインド全域を支配下に置きました。１３２５年ごろ、その長子のウルグ・ハーンが王位を継ぎ、ムハンマド・ビン・トゥグルクと称します。しかし、ムハンマドの治世の後半は軍事費の増大や増税、貨幣改革の失敗などにより、各地の反乱を招きます。南インドでは１３３４年にマドゥライ・スルタン朝が、デカンでは１３３６年にヴィジャヤナガル王国（くわしくは１３１ページを参照）、１３４７年にバフマニー朝が独立します（くわしくは１１６ページを参照）。

14世紀後半のインド

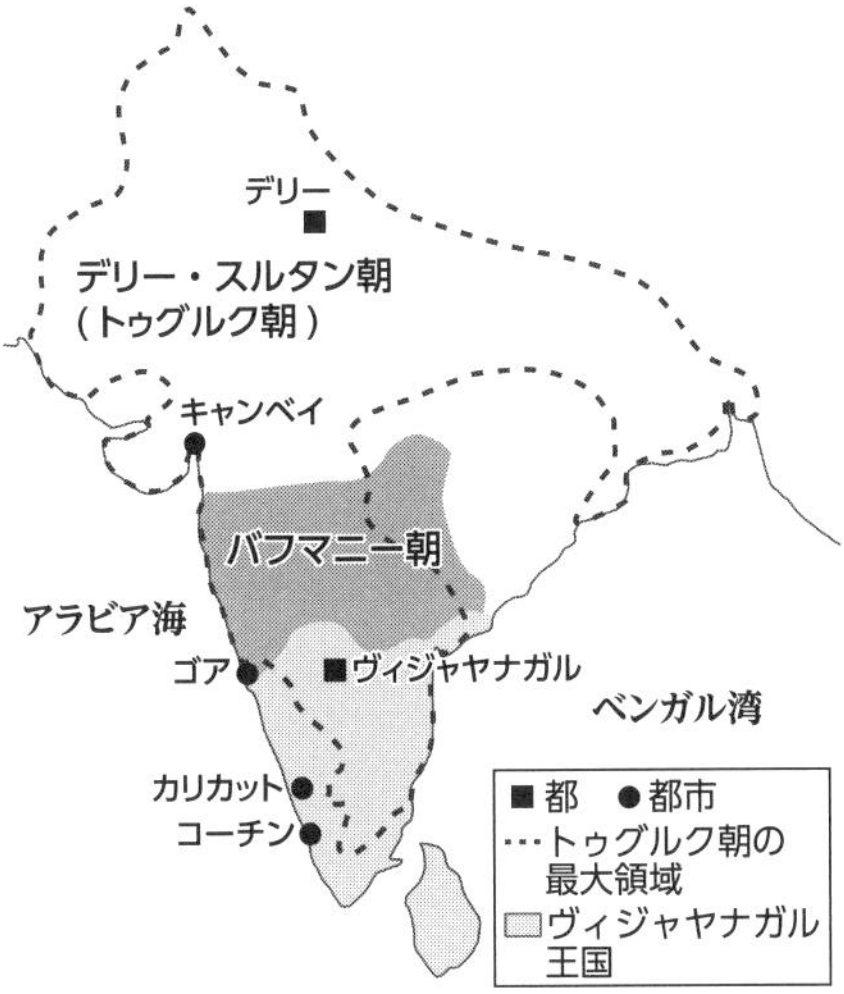

ムハンマドの死後、トゥグルク朝はさらに弱体化していきました。追い打ちをかけたのが、１３９８年のティムールによるインド遠征です。

西チャガタイ・ハン国の軍人の家系に生まれたティムールは天才的な軍事能力の持ち主であり、一代で中央アジアを中心に大帝国（ティムール朝）を築いた人物です。そのティムールがインドに進出してトゥグルク朝軍を撃破。デリーで破壊と略奪の限りを尽くすと、服従していたヒズル・ハーンに事後処理を任せて、自身は本国へ帰還しました。こうしてトゥグルク朝は事実上、滅亡しました。

ティムール没後の１４１４年、ヒズル・ハーンはデリーに侵攻し、完全にトゥグルク朝を滅ぼすと、サイイド朝を創始しました。ただしサイイド朝は、ティムール朝を宗主としてデリー周辺を維持するだけの王朝でした。

そのサイイド朝では無能な君主が続き、パンジャーブ地方の領主でアフガン系のバフルール・ローディーにより滅ぼされ、１４５１年にローディー朝が成立します。この王朝はアフガン系の部族連合的な性格が強いため君主の力は強くなく、１５２６年にムガル皇帝のバーブルに敗れます（くわしくは１２１ページ参照）。なお、その間にアフガン系部族が数多く北インドに移住し、ビハールやベンガルに地盤を持つことになります。

イスラーム教が浸透したワケ

アラブ人の征服活動によってイスラーム教はわずか１００年足らずで、西はイベリア半島、東は中央アジアに至るまで急速に広まりました。インド内に本拠地を置いたイスラーム系の王朝は13世紀初頭の奴隷王朝からですが、その前にも商業活動などを通して、多くのイスラーム教徒（以降、ムスリム）がインドにやってきました。ただし、インドでムスリムが急速に増えていった訳ではありません。イスラーム教は、当時のインド人の多くが信仰していたヒンドゥー教とは性格が大きく異なっていたからです。

インドに地盤があったムスリムの君主のなかには、信仰心からヒンドゥー教寺院などを破壊し、ヒンドゥー教徒に改宗を強要した人物もいました。とはいえ、ヒンドゥー教徒にくらべてムスリムの数は圧倒的に少なく、改宗を強要するとヒンドゥー教徒が一致団結して反抗するおそれがあったため、共存する方針をとるようになります。

そこで強制的な改宗は行わず、非ムスリムに「ジズヤ」という人頭税を支払わせるというイスラーム教の法を採用します。インドでもこの法が適用されたことで、ヒンドゥー教やカーストが保たれたといえるかもしれません。

それでもムスリムの支配体制下にあっては、改宗したほうが有利と考える人たちもいました。ジズヤを払わなくてよいという経済的な理由のほか、カースト制度のもとで差

ヒンドゥー教とイスラーム教の比較

ヒンドゥー教	宗教名	イスラーム教
多神教	神	一神教 （唯一神であるアッラーに服従）
崇拝	偶像	禁止
さまざま	経典	唯一の経典である『コーラン』
輪廻転生	死後	復活
火葬。灰を川に流す	遺体	土葬。復活に備える
牛を食べない	食習慣	豚を食べない
カースト	身分	ムスリムであれば宗教上は平等

別されていた人々がカーストから逃れるためにイスラーム教に改宗した例もあります。

インドでこのようにイスラーム教が拡大した理由の一つに「スーフィー」と呼ばれるイスラーム神秘主義者の存在もあります。スーフィーたちの活動には難解な教義はなく、神秘体験によって神と一体になることを目的としました。神へ愛を捧げて恵みを乞うバクティ運動に近い考え方といえるでしょう。また、スーフィーの修行はヒンドゥー教の修行にも似ており、修道場には非ムスリムも集まりました。

もう一つの理由が「聖者信仰」です。イスラーム教では、聖者をあがめることは偶像崇拝にあたります。モスクで神に祈ることは利益を求めてのものではありません。しかし時代が下ると、高名なスーフィーの墓であるダルガー（聖者廟《びょう》）への参拝が盛んになり、ヒンドゥー教徒などの非ムスリムも聖者の恵みにすがろうと祈願するようになりました。神像の崇拝に慣れ親しんでいた当時のインドの人々にとって聖者崇拝は、わかりやすい信仰対象だったのです。

この時代のインドで最も有名なスーフィーとして、ニザームッディーンがいます。13世紀後半から14世紀前半にハルジー朝やトゥグルク朝のもとで布教活動を行い、多くの信者を獲得しました。デリーにあるニザームッディーン廟には、現在も多くの参拝者が訪れています。

シク教が成立

ヒンドゥー教の浸透にバクティ運動が、イスラーム教の浸透にスーフィーの活動が貢献したことは述べました。そのなかから、やがてヒンドゥー教とイスラーム教を統合しようという動きが現れます。

その代表者が15～16世紀の宗教家であるカビールです。下層カースト出身だったカビールはバクティ運動やスーフィズム（イスラーム教における神秘主義）の影響を受け、カーストによる身分差別を否定し、神への献身的な信仰を説きました。カビールの考え方によれば、イスラーム教における唯一神であるアッラーも、ヒンドゥー教の最高神であるヴィシュヌも同じ存在であり、両宗教の本質は同じだというのです。

もう1人、カビールと同時代の宗教家にナーナクがいます。ナーナクはカビールの影響を受け、唯一の神への崇拝を説き、宗教による身分差別を批判しました。2人の関係ははっきりしませんが、ナーナクはカビールの思想をさらに進め、シク教を創始します。「シク」とは「弟子」を意味する言葉で、その指導者は「師」を意味する「グル」と呼ばれるようになります。

ナーナクは教義を詩歌によって伝えましたが、これはのちにシク教を教団として確立した5代目のグルにより編纂され、さらに10代目のグルによって聖典『グル・グラント・サーヒブ』が完成しました。

シク教団は、パンジャーブ地方に総本山となるハリマンディル・サーヒブ（黄金寺院）を建てて布教活動を行いますが、のちに成立するムガル帝国にグルが処刑されると、武装集団化して帝国に対抗するようになっていきます。

現在のインドでは国民の１・７％（２０１１年の国勢調査より）がシク教徒で、全体からすれば少数ですが、パンジャーブ州に限れば、人口の過半数をシク教徒が占めています。シク教ではカーストや苦行、偶像崇拝を禁じています。寺院はグルドワーラーと呼ばれ、非シク教徒も参拝できますが、靴を脱ぎ、髪の毛を布などで覆うことが義務づけられています。

イスラーム文化が花開く

デリー・スルタン朝が成立したことにより、インドではイスラーム文化の展開が見られます。奴隷王朝の初期には、ヒンドゥー教の寺院を解体した石材を使ってヒンドゥーの職人がモスクを建てたため、柱にヒンドゥー教の寺院の装飾が残っている場合もありました。そんな時代につくられた代表的な建物に、デリー南部にアイバクが建造したインド最大のミナレット（尖塔《せんとう》）であるクトゥブ・ミナールを備えた、現存するインド最古のモスクのクトゥブ・モスクがあります。この建物は周辺の建物とともに「デリーのクトゥブ・ミナールとその建造物群」として世界文化遺産に登録されています。

デリーにイスラーム政権が成立すると、イランや中央アジアからモンゴルの支配を逃れてムスリムの職人が移り住んだこともあり、ドームやアーチ、彩色タイルなどの建築技法がインドに持ち込まれました。ハルジー朝のアラーウッディーンは、クトゥブ・モスクの入り口に装飾や小さなドームをのせた門であるアラーイー・ダルワザを建てています。なお、このアラーウッディーンに仕えた人物が、中世インド最高の詩人ともいわれるアミール・ホスローです。民族叙事詩などの作品が知られており、スーフィーのニザームッディーンの愛弟子《まなでし》でもありました。

またムスリムの遺体は土葬にするため、この時代に墓廟建築が盛んになり、デリー南部にはトゥグルク朝やローディー朝のスルタンや貴族の廟が点在しています。

12～14世紀には、ペルシア語やアラビア語の語彙《ごい》がデリー方言と融合し、ウルドゥー語が成立しました。18世紀には、このウルドゥー語を使ったウルドゥー文学が盛んになります。現在、ウルドゥー語はパキスタンの公用語になっています。

デカンと南インドの四王国

北インドでデリー・スルタン朝が存在した13世紀から16世紀初頭までの約300年間、デカンや南インドではどんな王朝が興亡していたのでしょうか。

デカンでは12世紀末、後期チャールキヤ朝が「セーヴナ朝（のちにヤーダヴァ朝）」と「カーカティーヤ朝」に分裂して消滅します。そして、その分裂前からデカン南西部に半ば独立していた「ホイサラ朝」を加えた、三王国がたがいに抗争する状態が100年ほど続きます。

南インドでは、チョーラ朝が12世紀後半になると少しずつ衰え、地方領主が独立していきました。そのなかで、1190年にパーンディヤ朝が復活します。「後期パーンディヤ朝」とも呼ばれるこの王朝は、チョーラ朝に攻勢をかけ、1279年に滅ぼします。こうして13世紀には、デカン以南のインドに四王国が並ぶ状態になりました。

それからまもない1307年、先述したように北インドからハルジー朝が南方に軍隊を送り込んできます。ハルジー朝軍は四王国を侵略し、貢ぎものを納めるよう約束をさせたうえでデリーに引き上げていきました。四王国が受けた傷は深く、なかでも弱体化が進んだヤーダヴァ朝は１３１７年に滅びます。

ハルジー朝の侵略から約10年後、今度はトゥグルク朝が南への侵攻を始めます。今度の目的は支配域の拡大でした。それにより、カーカティーヤ朝は滅亡し、パーンディヤ朝は都を落とされたうえに国土は削られ、小国家となります。ホイサラ朝は服従したため、弱体化しつつも何とか存続しました。

しかし、トゥグルク朝の支配も長くは続きません。１３３４年にまずタミル地方の長官が独立して、「マドゥライ・スルタン朝（マドゥライ王国）」を建国します。2年後にはデカン南部にヒンドゥー教を奉じる「ヴィジャヤナガル王国」が建国されます。この王国はその勢力を広げ、ホイサラ朝と南のマドゥライ・スルタン朝を併合し、最盛期には南インドの大半を領域にしました。その後、王朝が何度か交替しながら１６４９年まで存続します。

１３４７年にはトゥグルク朝のデカンの長官が独立し、「バフマニー朝」を興します。こうして15世紀後半までは、デカン以南はバフマニー朝とヴィジャヤナガル王国の二王国が並立する状態が続きました。

バフマニー朝は15世紀末になると急速に衰退し、「ムスリム五王国」と呼ばれるベラール王国、アフマドナガル王国、ビジャープル王国、ゴールコンダ王国、そしてビーダル王国に分裂します。一方、ヴィジャヤナガル王国が最盛期を迎えた16世紀前半、インド西北部より北インドに進出しようとする新たな勢力が迫っていました。

大航海時代以前のインド洋交易

こうした政治的な動きのなかで、ではどのような経済活動が見られたのでしょう。

チョーラ朝が13世紀に滅んだあとの南インドにおいても、交易は盛んに行われていました。スーフィーたちはインド洋交易を利用し、東南アジアへ布教に向かいました。武力で支配されてイスラーム教が浸透していった北インドとは異なり、東南アジアではおおむね平和的にイスラーム教が広まっていきます。

東アフリカからアラビア半島、ペルシア湾岸、インドを行き来するムスリム商人が交易で主に使用していたのは、ダウ船と呼ばれる三角帆《さんかくほ》を備えた船でした。一方、中国の大型木造帆船のジャンク船は主に中国と東南アジアを行き来しており、12世紀後半には南インドの港にもやってきました。

1292年、マルコ・ポーロは滞在していた中国の元《げん》（モンゴル帝国の一部）から母国のヴェネツィアへの帰路、後期パーンディヤ朝時代のインドに立ち寄っています。ポーロが著わしたとされる『世界の記述』（邦訳『東方見聞録』）によると、「インド人は食事には右手しか使わない」「牛（肉）は食べない」「他人の容器で液体を飲むときは容器に口をつけず上から口に注ぐようにして飲む」と記しています。この習慣は現在まで変わっていません。

また、キリスト教徒やユダヤ人もいること、多くの宝石や真珠が産出されていること、毎年多くの馬をアラビアから購入しているが管理が悪くすぐに死んでしまうこと、銅銭や絹織物、丁子《ちょうじ》（クローブ）をはじめとしたスパイス、金銀などを輸入する一方、胡椒、生姜《しょうが》、肉桂《にっけい》（シナモン）などを輸出していることも記述しています。ヴィジャヤナガル王国などの南インドやデカン諸国で馬が貴重な輸入品だったのは、デリー・スルタン朝との戦いで騎馬の重要性を学んだからだといわれています。

ヴィジャヤナガル王国が成立してまもない1340年代初め、モロッコ出身のアラブ人旅行家のイブン・バットゥータが8年間デリーに滞在したあと、国際港があることでにぎわっていたインド南西の都市であるカリカット（現在のコーリコード）を訪れ、大小のジャンク船が停泊している光景を目にしています。

バットゥータはその後、海路で元を訪れ、その帰路に再びカリカットに立ち寄りました。その際、中国から白磁や青磁といった陶磁器や絹織物、銅銭などがインドへ運ばれていたことを『諸都市の新奇さと旅の驚異に関する観察者たちへの贈り物』（邦訳『大旅行記（三大陸周遊記）』）で述べています。中国の陶磁器はイスラーム圏で珍重され、インドを経て、マムルーク朝の支配下にあったエジプトへと運ばれていたのです。

時代は下り、引き続きヴィジャヤナガル王国が南インドを支配していた15世紀初頭、中国の明《みん》の永楽《えいらく》帝に仕えていた鄭和《ていわ》が大船団をともなっての大遠征の途中、インドに寄港しています。この大遠征はすでに確立されていたジャンク船の航路をなぞったもので、艦隊が主に立ち寄ったインドの港は、カリカットとコーチン（現在のコッチ）でした。

また当時、インド西岸にはもう一つの交易拠点がありました。グジャラート地方のキャンベイです。キャンベイ（現在のカンバト）にはムスリム商人やジャイナ教徒の商人が訪れ、特産の綿布が輸出されていました。海洋交易は、この港を支配下に置いていたグジャラート・スルタン朝（くわしくは122ページ参照）の大きな国家財源でした。

ムガル帝国が成立

1483年、中央アジアのフェルガナ地方（現在のウズベキスタン）を治める小国の君主に男児が生まれます。この人物こそ、のちにムガル帝国を創始するバーブルです。その先祖には、中央アジアからイランにかけて大帝国を築き、インドにも侵入したティムールがいました。

父の死にともない若くして後を継いだバーブルは、ティムール帝国の復活を目指して内外の敵対勢力と争いますが、敗れたために拠点を南方のカーブル（カブール、現在のアフガニスタンのカーブル州）へと移します。そこから旧領の奪回を試みたものの失敗に終わると、インドの富に目を向けるようになります。

1519年以降、バーブルはインドへ何度も侵入をくり返したのち、ローディー朝の内紛を機に本格的な遠征に乗り出します。1526年、バーブル率いる軍隊はデリー近郊のパーニーパットにおいて、圧倒的な数で上回るローディー朝軍と衝突、これを打ち破ります。このパーニーパットの戦いでローディー朝のスルタンは戦死。バーブルはデリーと、都のアーグラーを占領しました。これにより、約320年間続いたデリー・スルタン朝が終わり、同年、「ムガル朝（ムガル帝国）」が成立します。ちなみに、国名の由来はモンゴルを意味するペルシア語の「ムグル」が訛ったものといわれます。

ムガル帝国の皇帝たちは、それまでのデリーの主が用いていたスルタンではなく、「パードシャー（パーディシャー）」という称号を用います。これはペルシア語で「王」や「皇帝」といった意味で、当時のトルコ・モンゴル系の君主がよく使っていました。バーブルがティムールの後継者を自認していたので、この称号を選んだのでしょう。スルタンがイスラーム世界の最高権威であるカリフから与えられた称号なのに対し、パードシャーは宗教的な意味合いはありません。多民族多宗教の国を統治していくにあたって、スルタンよりもパードシャーは適した称号だったのかもしれません。

その後、バーブルはローディー朝の残存勢力や北インドに割拠していたラージプートの王らを打ち倒し、東方のビハール地方やベンガル地方にも兵を進めましたが、在位わずか4年の1530年に死去します。強力な指導者を失ったムガル帝国でしたが、その勢いは留まるどころか、むしろ加速していくのでした。

帝国が一時断絶した⁉

バーブルの没後、第2代皇帝の座に就いたのは長男のフマーユーンです。しかし、帝位に就いたときにフマーユーンの支配下にあったのは、デリー周辺とパンジャーブ地方だけでした。なぜなら、ムガル帝国の本拠地であるアフガンの地などは、3人の弟たちが支配していたからです。それだけでなく、弟らは皇位をねらっていました。

フマーユーンの当面の敵は、東方のビハールを支配していたシェール・ハーン、そしてグジャラートからデカンへ勢力を拡大していたグジャラート・スルタン朝のバハドゥール・シャーでした。フマーユーンはまずシェール・ハーンを降伏させ、続いてバハドゥール・シャーも破ります。ところが、一度は服属したシェール・ハーンが再び敵対すると、フマーユーンは二度にわたる戦闘に敗れ、イランのサファビー朝へ亡命するまで追い込まれます。その後は弟らを破るなどして求心力を高めながら、インドへの再進出の機会をうかがいます。

デリーを占拠したシェール・ハーンはシェール・シャーと名乗り、１５４０年にアフガン系の「スール朝」を創始します。ここでムガル朝は一度、断絶します。シェール・シャーは名君だったようで、わずか5年の統治の間に版図を広げただけでなく、行政官による統治や貨幣による税の納付、商業をさまたげる税金の撤廃、道路網の建設、貨幣の鋳造などの改革を行いました。シェール・シャーが始めたこれらの制度は、のちにムガル帝国も踏襲しています。

１５４５年、シェール・シャーが事故で命を落とすと、後継者をめぐって１５５４年にスール朝で内乱が起こります。フマーユーンはこの機を逃さず、サファビー朝の援助を受けてインドへ侵攻すると、翌年にはデリーを奪還し、スール朝を滅ぼします。

こうしてムガル帝国を復興させたフマーユーンですが、１５５６年にデリー城内の図書館の階段から転げ落ちて死去しました。15年ぶりに王位に復帰してからわずか半年後のできごとでした。

帝国の基礎を固めた大帝

フマーユーンの突然の死により、その息子のアクバルが13歳で皇帝に即位します。ムガル帝国随一の名君とたたえられているアクバルですが、即位直後はスール朝の残存勢力にデリーとアーグラーを奪い返されるなど、その地位は不安定でした。しかも治世の初期は、バーブルの代から仕えるイラン出身のバイラーム・ハーンが摂政として実質的な政治運営を行っていました。アクバルは成長すると、そのバイラーム・ハーンや親族の影響を排除していき、権力を自分に集中させます。

アクバルは宗教的には寛容な人物であり、ムスリムとヒンドゥー教徒との融和をはかっています。ヒンドゥー教徒であるラージプートの娘とも結婚し、非ムスリムに課していたジズヤを廃止します。キリスト教にも興味を持ち、カトリック会派であるイエズス会の宣教師を招いて話を聞いたりもしています。

さらに、北インドで勢力を温存していたラージプート諸侯と、婚姻や同盟を結ぶなどして味方につけていきます。それにより、ラージプート諸侯は帝国を支える貴族になっ

ムガル皇帝の家系図とその勢力範囲

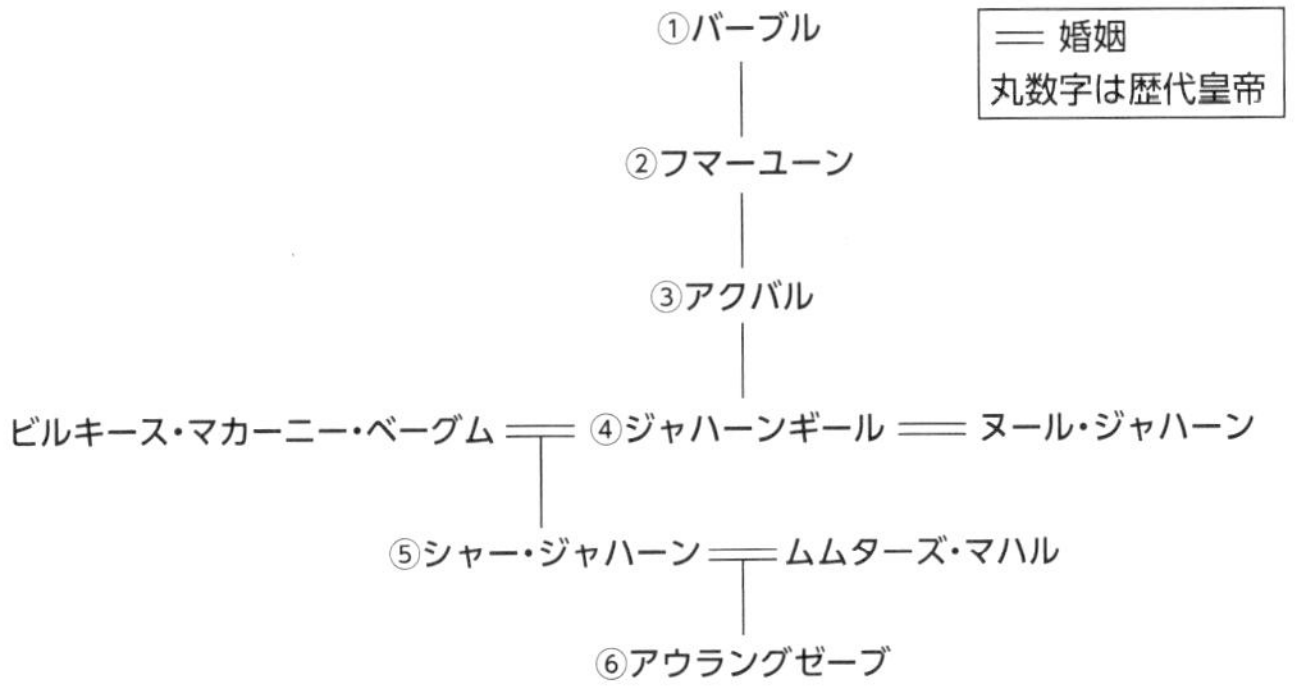

══ 婚姻
丸数字は歴代皇帝
①バーブル
②フマーユーン
③アクバル
ビルキース・マカーニー・ベーグム
④ジャハーンギール
ヌール・ジャハーン
⑤シャー・ジャハーン
ムムターズ・マハル
⑥アウラングゼーブ

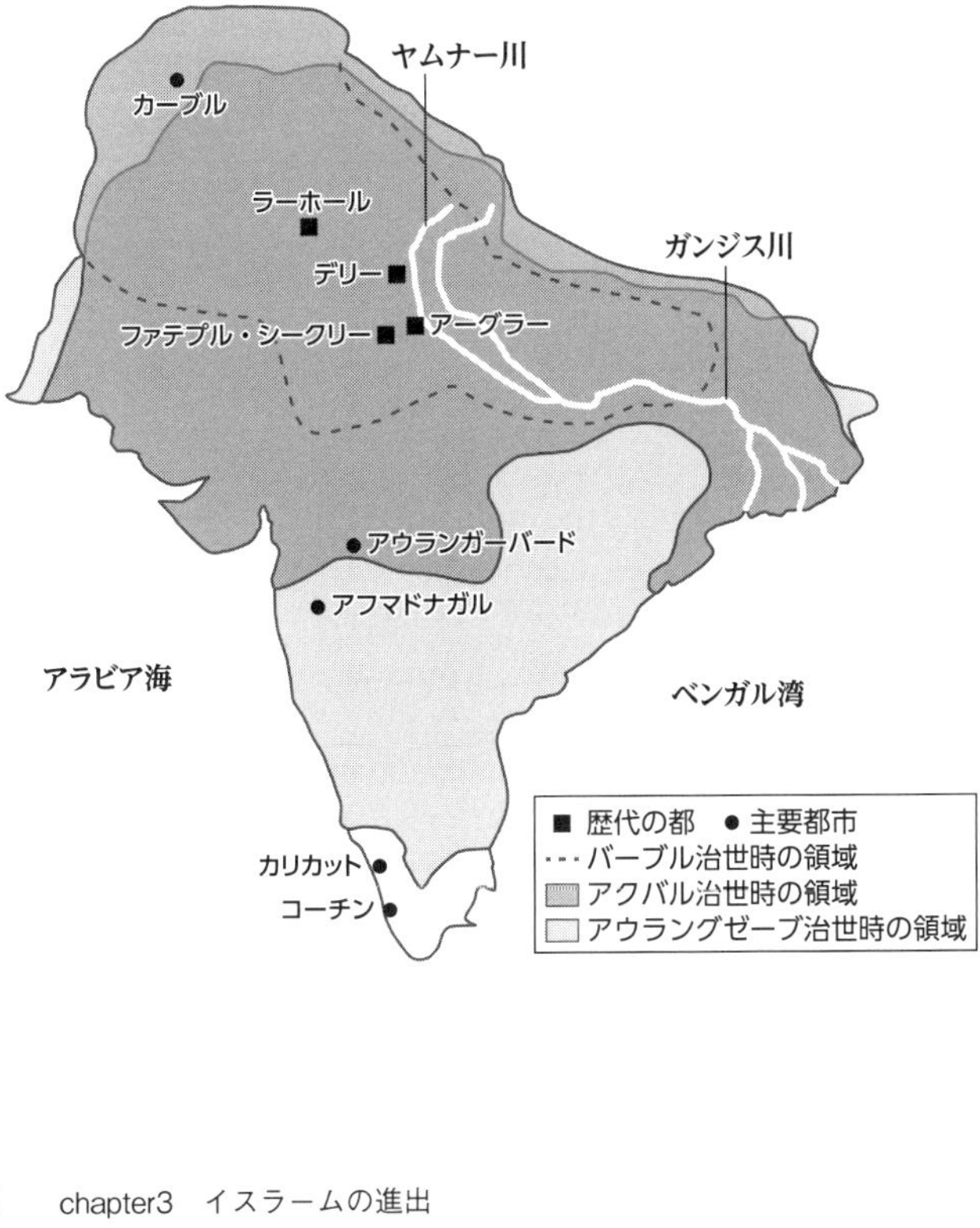

ヤムナー川
カーブル
ラーホール
デリー
ファテプル・シークリー
アーグラー
ガンジス川
アウランガーバード
アフマドナガル
アラビア海
ベンガル湾
カリカット
コーチン
■ 歴代の都 ● 主要都市
バーブル治世時の領域
アクバル治世時の領域
アウラングゼーブ治世時の領域

ていきました。ただし、最大勢力のメーワール王国だけはアクバルに抵抗しました。都がアクバルに陥落させられてもメーワール王は落ちのびて国を再興し、アクバルの治世時は独立を保ちます。

アクバルはその後、デカン高原の北端部やインド西部を制圧して版図を広げるとともに、アーグラーの西約40キロメートルに建設したファテプル・シークリーに都を移します。インド西部の支配を盤石《ばんじゃく》にすると、今度は東に目を向け、1576年にベンガル地方を征服します。1584年には帝国の以前の本拠地があったアフガンでの反乱の鎮圧に備え、都をデリーの西方のラーホール（現在のパキスタンの都市）へと移しました。アフガンの平定がすむと、アクバルは都を再びアーグラーにもどします。

こうして帝国の基盤を固めたアクバルは、アクバル大帝とも称されます。しかし、その晩年は後継者である長男のサリームとの関係に悩まされました。両者の関係悪化はエスカレートし、サリームはアクバルのお気に入りの家臣を殺害します。とはいえ、アクバルは次男と三男をすでに亡くしており、後継者を変えようにもほかに候補がいませんでした。そんななか、アクバルは1605年に没します。

皇帝に権力が集中

アクバルの統治は、16世紀半ばから17世紀初頭までのほぼ半世紀におよび、その間にムガル帝国の支配体制が整います。

アクバルが整えた体制は、維持すべき騎兵や騎馬数に応じたマンサブ（官位）により、それに応じたジャーギール（給与地）を与えるという「マンサブダーリー制（ジャーギール制とも）」という組織でした。マンサブダーリーとは「マンサブを有するもの」という意味です。

マンサブダーリーが権利を持っているのはあくまでジャーギールからの徴税権であり、ジャーギールを譲渡したり、そこに住む住民を裁判にかけたりはできません。徴税できる地租額は国が土地を査定して等級に分け、その生産額の

そのころ、日本では？

江戸時代初期は朱印船貿易が行われており、商人が外国へと船を送り出していました。その1人、商人の天竺徳兵衛《とくべえ》はオランダ船に乗り、インド（天竺）の地を訪れます。帰国後、このときの経験をまとめた『天竺渡海物語』は歌舞《かぶ》伎《き》や浄瑠璃《じょうるり》の演目にもなり、人気を集めました。

3分の1を税金として銀で納めさせました。また、マンサブは原則的には一代限りであり、ジャーギールの場所も数年ごとに変更されました。それも分散していたので、徴税は代理人に任せるのが普通でした。こうして従来の封建制から、皇帝が権力を握るという中央集権体制が確立します。

最盛期を迎える

第4代皇帝として即位したサリームは、「世界を征服する者」を意味するジャハーンギールとみずから名乗るようになります。その治世はアクバルの統治体制をほぼ受け継ぎつつ、デカンの支配拡大を目指しました。アクバルが征服できなかったメーワール王国と講和し、同盟国とします。

ジャハーンギールは、国政を妃のヌール・ジャハーンの一族にほぼ任せていました。ヌール・ジャハーンの一族はアクバルの時代にイランからやってきて、宮廷で官吏として活躍するようになっていました。当時、宮廷の公用語はペルシア語であり、イランのサファビー朝との関係も良好であり、両国の関係は深かったのです。

1627年にジャハーンギールが亡くなると、その三男のフッラムが後継者争いを制し、翌年にシャー・ジャハーンとして即位します。シャー・ジャハーンとは「世界の皇帝」という意味です。

シャー・ジャハーンはデカンに遠征してアフマドナガル王国を滅ぼすと、残るビジャープル王国とゴールコンダ王国に帝国の宗主権を認めさせて属国化し、デカンをほぼ平定します。しかし、その一方で中央アジアへの遠征は失敗して、アフガンの地をサファビー朝に奪われました。

それでもシャー・ジャハーンの治世に帝国の支配域は拡大し、財政が豊かになりました。すると、シャー・ジャハーンはその財源を建築や美術につぎ込みます。1648年にはデリー北部に新都としてシャー・ジャハナバードを築き、アーグラーから遷都します。これが、現在のインドの首都であるデリーの一角

を占める「オールド・デリー」です。

帝国は最盛期を迎えましたが、シャー・ジャハーンは宗教への寛容さを欠き、ヒンドゥー教の寺院の建築を禁止し、違反した場合は破壊させることもありました。また、支配域が増えるとともにマンサブダーリーの数も増えたことから、支出が増大していきます。こうした一連の政策は、やがて帝国を傾かせる一因となっていくのです。

貨幣経済の発展

北インドにデリー・スルタン朝が栄えて以来、インドでは再び貨幣が多く鋳造され、経済が活発になっていきました。続くムガル帝国時代にはデリー、アーグラー、ラーホールといった三大都市だけでなく、中小の地方都市もにぎわいを見せるようになっていきます。

貨幣が流通した背景には、世界的な銀の生産量の増大がありました。16世紀になると、南米大陸で相次いで銀山が発見されたほか、日本からも多くの銀が輸出されます。これらの銀がヨーロッパを経由してインドにも流れ込み、それをもとに銀貨が発行されました。そもそも、ムガル帝国内における税は銀貨で納める形だったので、多くの銀が必要だったのです。

商業が活発になってくると、米や麦、豆といった主食用の作物だけでなく、綿花や藍《あい》（インディゴ）、油の原料となる植物、胡椒、砂糖などの商品作物も多くつくられるようになっていきます。各地には特産品が生まれ、とくにベンガル地方のモスリン（平織の薄くてやわらかい綿織物）、グジャラート地方の更紗《さらさ》（木綿の文様染め）やキャラコ（平織の綿布）は重要な輸出品になりました。

ヴィジャヤナガル王国

16世紀前半のムガル帝国はデカン征服に乗り出すだけの力はまだなく、北インドの平定に勢力を注いでいました。そのころのデカンではムスリム五王国が並び立ち、南インドではヴィジャヤナガル王国が全盛期を迎えていました。

ヴィジャヤナガル王国はその後期になると、「ナーヤカ制」という一種の封建制で治められていました。王はその地方のナーヤカ（領主）に徴税権を持たせる代わりに、納税と軍役の義務を課すという制度です。初めのうちは、領地替えをくり返してナーヤカが土着して力を持たないようにしていましたが、時代が下るとそれもくずれていき、強大な力を持つナーヤカが現れました。

ヴィジャヤナガル王国はヒンドゥー王国でしたが、住民や軍隊にはムスリムもいました。領内に多くの港があり、インド南西部のマラバール地方では栽培した胡椒をポルトガルへ輸出していました。

しかし、1565年にムスリム五王国が連合して攻め込んでくると、ヴィジャヤナガル王国は敗北します。王は南へ逃走し、都は徹底的に破壊され、略奪を受けて荒廃します。以降のヴィジャヤナガル王国は一時的に勢力を盛り返すことはあっても、各地のナーヤカの独立もあり、しだいに衰退して1649年に滅びました。都だったヴィジャヤナガル（現在のハンピ）には寺院や住居跡などの遺跡が残っており、「ハンピの建造物群」として世界文化遺産に登録されています。

一方、デカンのムスリム五王国は連合を解散し、その後の対立と併合によって17世紀半ばには、ビジャープル王国とゴールコンダ王国だけが残ります。他方、南インドには、ナーヤカが独立して成立したマドゥライ・ナーヤカ朝をはじめ、小王国がいくつか残ることになりました。

非ムスリムを締めつけた結果

ムガル帝国の黄金時代を築いたシャー・ジャハーンでしたが、その晩年は不遇でした。病気になると、4人の皇子の間で後継者争いが起こったのです。そして三男のアウラングゼーブがほかの3人を制すると、シャー・ジャハーンをアーグラー城に幽閉して帝位に就きます。シャー・ジャハーンは幽閉されたまま、8年後の1666年にその生涯を閉じました。

アウラングゼーブは厳格なイスラーム教スンナ派の信者でした。そのため、他宗教にきびしい政策をとります。まずは、宮廷の非イスラーム的な儀式や習慣を廃止しました。その後、政策は宮廷に留まらず、多くのヒンドゥー教寺院を破壊しており、なかでも、ヒンドゥー教の聖地であるヴァーラーナシーとマトゥラーの寺院を破壊して、その跡地にモスクを建てたことはヒンドゥー教徒から強い反感を買いました。

さらにアウラングゼーブは、1679年にジズヤを復活させます。このことは、帝国の協力者であったラージプート諸侯の反発を招き、ついには反乱へと発展しました。ラージプート戦争ともいわれるこの反乱は、アウラングゼーブが死去するまで30年余り続くことになります。

アウラングゼーブを最も苦しめたのはマラーター族でした。マラーターとは、現在のインド西部に位置するマハーラーシュトラ州を一帯を地盤としていたヒンドゥー教徒の集団です。クシャトリヤを自称したこの集団は、15〜16世紀にはデカンの諸王国で傭兵《ようへい》になるなどの活動をしていました。

このマラーター出身のシヴァージーは、仕えていた王国に反旗を翻《ひるがえ》して、独自の勢力を築き、帝国と争うようになります。一度は降伏し、シヴァージーはアーグラー城でアウラングゼーブと会見しますが物別れに終わると、そのまま城内に軟禁されます。何とか脱出すると体制を整え、再び帝国軍との戦いを始めました。

シヴァージーは1674年にはマラーター王国を創始して初代国王になり、ムガル帝国と戦い続け、1680年に没しました。イスラーム勢力と戦ったシヴァージーは現在でもマハーラーシュトラ州の民衆に尊敬されており、その州都であるムンバイの空港名や鉄道駅名となっています。

帝国の衰退が始まった

アウラングゼーブはデカンに遠征を始めた1681年以降、デリーにもどらず、遠征の指揮をとるためにみずからの名をもとに改称したデカンの都市、アウランガーバードやアフマドナガルで過ごすようになります。1686年にはビジャープル王国を、1687年にはゴールコンダ王国を滅ぼし、帝国の版図は最大になりました。ところが、残るマラーター王国はシヴァージーの没後も降伏せず、戦いは長期化しました。

アウラングゼーブの50年にわたる治世の後半は、財政の悪化と相次ぐ反乱に悩まされ、帝国の弱体化が進みます。シャー・ジャハーンの治世時までは国庫に余裕がありましたが、アウラングゼーブの治世にはマンサブダーリーの数も増え、新たに与えないといけないジャーギールの土地に余裕がなく、帝国の支出が増えていました。そのため、ジャーギールに対する税率を生産額の3分の1から2分の1に引き上げたところ、農民に重い負担がかかり反乱が起こります。

アウラングゼーブは1707年に89歳で死去しました。晩年は統治の失敗を認め、長生きしすぎたと悔《く》いたといいます。遺体はアウランガーバード近郊のスーフィー聖者の隣に葬《ほうむ》られました。その墓は屋根もなく、皇帝の墓には見えない簡素なつくりでした。

アウラングゼーブの死後、帝位の継承争いや、諸侯・太守の離反と独立が相次ぎます。さらに、デカンではマラーター王国を中心に結成されたマラーター同盟が一大勢力になり、1737年にはデリーを包囲するまでになります。しかも、1739年にはイランのアフシャール朝にデリーが略奪され、帝国の権威はいっそう落ちます。一連のできごとはアウラングゼーブの死から、わずか30年あまりのことでした。

ムガル建築の傑作

インド・イスラーム文化はムガル帝国の繁栄とともに最盛期を迎えました。初期のころからイランのサファビー朝と良好な関係を保ち、多くの貴族や文化人を迎え入れました。皇帝の母や妃にはイラン（ペルシア）系が多く、宮廷語もペルシア語でした。そのため帝国の文化には、王家の出自である中央アジアのほかに、イランの影響が強く現れているのが特徴です。

まず文学では、帝国を創始したバーブルの回想録『バーブル・ナーマ』がトルコ語文学の傑作といわれています。詩人のトゥルスィーダースが『ラーマーヤナ』の主人公であるラーマへの信仰心から詠んだ『ラーム・チャリット・マーナス』や、目の不自由な詩人のスールダースが大衆に人気の高いクリシュナへの信仰をもとに詠んだ『スール・サーガル』が有名です。

美術の分野では、「ミニアチュール」とも呼ばれる細密画の製作が宮廷で盛んになりました。細密画は、もともと皇帝の年代記などの大型写本の挿絵《さしえ》として描かれたものです。時代が下るにつれ、それまでの形式的なものから写実的なものに変化し、一枚の絵画としても鑑賞されるようになりました。皇帝の肖像画だけでなく、宮廷の様子を描いた風俗画や風景画、動物画なども描かれるようになります。

しかし、厳格なムスリムであるアウラングゼーブが皇帝になると、宮廷絵画は衰退します。絵画はイスラーム教では偶像崇拝にあたるからです。代わりに王宮に仕えていた絵師や職人たちが地方の諸侯の宮廷などに移り、地方で文化を発展させる要因の一つにもなりました。16～19世紀にかけては、ラージプート諸侯の宮廷やパンジャーブ地方において、ヒンドゥー教の神話などを描いたラージプート絵画が流行します。

帝国期において建築と造園も著しく発展します。デリーに立つフマーユーン廟は、ペルシア建築の影響を大きく受けており、水路で四つに区切られたチャールバーグ（四分庭園）の中央に立つ墓廟はどこから見ても同じに見えるようなつくりになっています。見た目を大きく見せるドームはティムール朝由来のものです。

アクバルが築かせた都のファテプル・シークリーの建物群はイスラーム建築とヒンドゥー建築を融合させた傑作です。開放的な構造や、建物上部に装飾的なチャトリ（小亭）を置

くなど、ムガル建築の特徴が見られます。

第5代皇帝のシャー・ジャハーンは、自身の名を冠した都市シャー・ジャハナバードに宮殿をつくらせました。赤砂岩を使われたこの宮殿は外見が赤く見えることから「ラール・キラー（赤い城）」と呼ばれています。ほかにも、インド最大級のモスクであるジャマー・マスジッドをデリーに建てさせています。

そんな数ある建築物のなかでも、シャー・ジャハーンが亡き妻のムムターズ・マハルをしのんでアーグラーに建てさせた「タージ・マハル（宮殿の王冠）」はムガル建築の最高傑作とされています。1654年ごろに完成したこの建物は貴重な白大理石がふんだんに使われ、白く壮麗な外観が見る者の目をひきます。

フマーユーン廟、ファテプル・シークリーの建物群、ラール・キラー、タージ・マハルといったムガル建築の代表作は、いずれも世界文化遺産に登録されています。

知れば知るほどおもしろいインドの偉人③

楽聖とたたえられた音楽家

ターン・セーン

Tān Sen

（1500ごろ～1586ごろ）

インドの伝統音楽を形づくる

ムガル帝国時代で最高の音楽家とされるのが、ターン・セーンです。

ヒンドゥー教徒として育ち、はじめは別の国の王に仕えていましたが、名声を耳にしたムガル皇帝のアクバルに招かれ、60歳にして宮廷音楽家になったと伝えられます。卓越した技量はアクバルに愛され、宮廷の「九つの宝」の1人に数えられ、楽聖とたたえられました。

打楽器と弦楽器による即興的な演奏と歌唱を組み合わせたインドの伝統的な声楽であるドゥルパドは、セーンによって完成されたといわれます。

また、セーンが生み出したラーガ（旋律《せんりつ》の型）は後世に受け継がれ、北インドの古典音楽の基本とされるほか、子孫はセーニヤーという音楽家の一門を形成し、すぐれた奏者や歌手を輩出しています。そして、現代でも毎年12月に「ターンセーン音楽祭」が開かれています。

chapter 4

イギリスの統治

西洋人が次々にやってきた

ムガル帝国成立に前後する時期から、インドにはヨーロッパ人が進出してきます。それまで、絹や紙、香辛料、陶磁器といったアジアを産地とする商品の多くは、地中海の貿易路を取りしきる中東のムスリム商人を通じて、ヨーロッパに入ってきました。とはいえ、ムスリム商人が仲介した商品は割高だったため、ヨーロッパの王侯貴族は、インド以東の地域と直接貿易して利益をあげたいと考えていました。

そんななか、ポルトガルの探検家ヴァスコ・ダ・ガマが、地中海を経ず、アフリカ大陸の喜望峰を回る航路を開拓し、1498年にインド西南部のカリカット（現在のコーリコード）へ来航します。さらに、ポルトガルの軍人アルブケルケが、1510年にビジャープル王国の統治下にあったインド西部のゴアを占領し、ポルトガルによるインド洋交易の中心地としました。なお当時のポルトガルは、インドから東南アジアの各地に交易拠点を築き、それらを経由して戦国時代の日本とも盛んに貿易しています。

続いて、オランダ、イギリスもインドへ進出してきました。16世紀後半には、スペインがポルトガルを併合して強大化しますが、イギリスとの海戦に敗れてしだいに衰退します。

15～17世紀のヨーロッパ人は、現在のインドから東南アジアにかけての地域を「東インド」、南北アメリカ大陸を「西インド」と呼んでいました。1600年にイギリス王室は、自国とインドとの貿易を独占しようと「東インド会社」を設立します。東インド会社は商館や貿易船を守る軍隊も備えていました。当時の貿易商人は、敵国や海賊の襲撃を受けることが多かったためです。かねてよりヨーロッパの貿易商人には、航海のたびに出資者から資金を集める慣習があり、東インド会社も航海ごとに出資者を募っていましたが、のちに継続的な出資者（株主）によって運営される株式会社となります。ほかのヨーロッパ諸国も同様の会社を設立します。1602年に設立されたオランダ東インド会社は、最初から株式会社の形式をとっていました。

オランダとイギリスは、それぞれ交易圏を拡大するなか、東南アジアで衝突します。ヨーロッパで需要が高かった胡椒をはじめとする希少な香辛料の原産地が東南アジアだったからです。1623年、オランダ軍が現在のインドネシアでイギリス商館員を襲撃するアンボイナ事件が起こります。この事件をきっかけに、イギリス東インド会社は東南アジアからの撤退を余儀なくされ、インド亜大陸に活動の重点を移します。じつはこのとき、イギリス側が現地で雇った警備兵には日本人もまじっていました。江戸幕府によって海外渡航が禁止される以前は、東南アジアに渡る日本人が多数いたためです。

1664年にはフランスも東インド会社を国営の貿易会社として再組織し、インド各地に交易圏を広げていきます。これと競争するように、イギリス東インド会社は、南部のマドラス（現在のチェンナイ）、西海岸のボンベイ（現在のムンバイ）、ベンガル地方のカルカッタ（現在のコルカタ）の3カ所に拠点を置き、それぞれインドの南部、西部、東部を統治する「三管区体制」を敷きました。

インドからヨーロッパへの輸出品は、はじめこそ香料が中心でしたが、17世紀後半になると、イギリスの東インド会社はインド産の綿織物を大量に仕入れてヨーロッパ各国に高値で転売し、利益を上げるようになります。着心地のよいインド産の綿布は、よく名の知られた港だったカリカットの名が訛って「キャラコ」と呼ばれ、ヨーロッパで人気だったのです。

地方が乗っ取られた!?

1707年、ムガル帝国の最大版図を築いた第6代皇帝のアウラングゼーブが死去します。その後、ムガル帝国の求心力が低下していくなかで、デカンではマラーター同盟が力を強めます。さらに、1739年にはイランにおいてアフシャール朝を創始したナーディル・シャーによる侵攻を受けます。帝都のデリーが一時占領され、多数の市民が殺害されたうえ、王城の数々の財宝が奪われました。

同じころ、ヨーロッパではイギリスとフランスが対立を深めていました。その対立がインドにも飛び火し、1744年にインド南部でイギリス軍とフランス軍とが衝突するカーナティック戦争が起こります。この戦争は1761年まで三度にわたってくり広げられ、イギリス側が勝利します。インド東部でも、1757年にベンガルの太守がフランス軍と手を結び、イギリス東インド会社軍と戦い、敗れます。このプラッシーの戦いで、フランスに対するイギリスの優位が確立し、イギリスはインドにおける支配領域を拡大していきます。

18世紀のインド

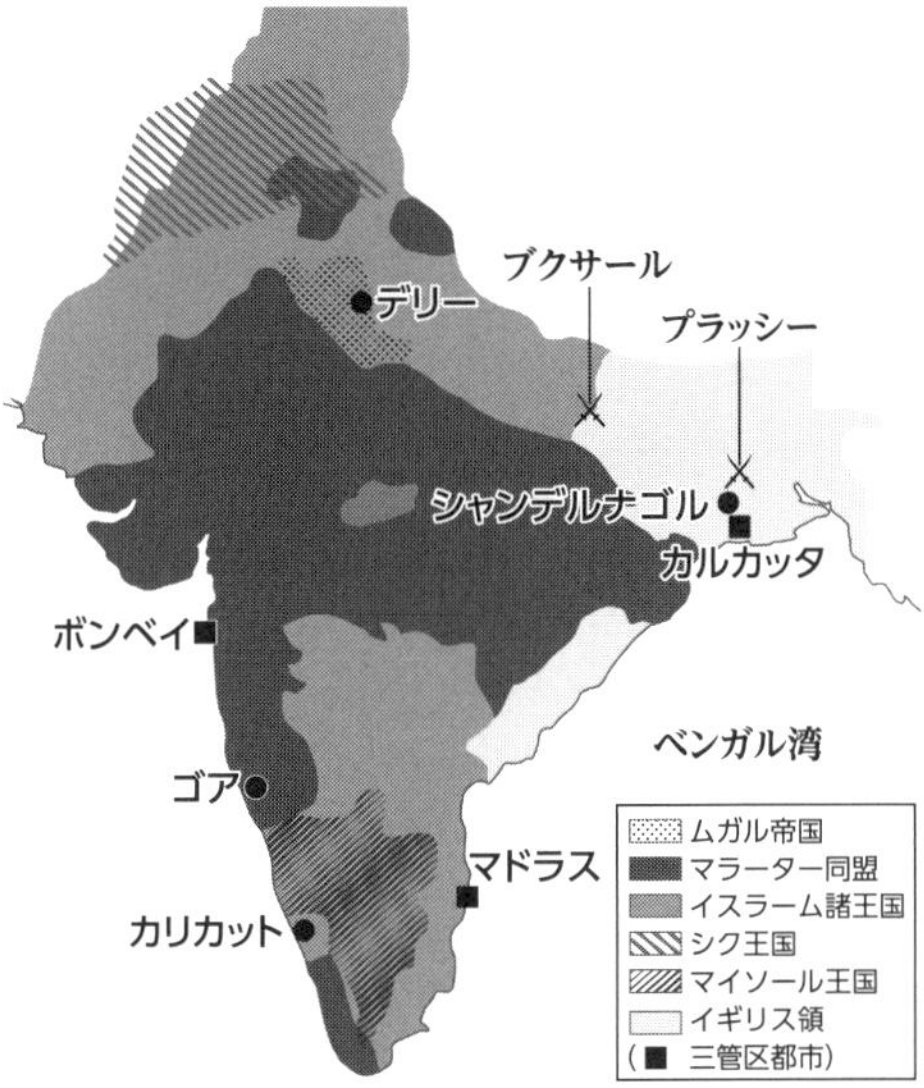

ムガル帝国が衰えるなか、イギリス東インド会社は、大量の現地人を兵として雇い入れ、しだいに各地域の政治への影響力を強めていきました。ベンガル太守のミール・カーシムは、そんな東インド会社に反発。1763年に太守の地位を追われますが、アワド州長官の協力を得て、1764年に戦いを挑みます。15代ムガル皇帝シャー・アーラム2世もカーシムを支援しましたが、このブクサールの戦いでもイギリス側が勝利を収めました。

シャー・アーラム2世は翌年、イギリスと条約を結びます。これによってイギリス東インド会社は、ベンガル、ビハール、オリッサの徴税と財務に関するあらゆる権利を獲得し、3州はイギリスの実質的な支配地となりました。当初は現地民の徴税長官を通じた間接統治が行われましたが、1772年以降はイギリス人による直接統治に切り替えられ、設置していた知事の代わりに総督が置かれます。東インド会社は徴収した税金で、つまり元手なしでインドの綿製品を買い、それをイギリス本国やヨーロッパ各国に転売して莫大な利益を上げるようになります。

イギリス支配で生活が貧しく

アウラングゼーブの死後、ムガル皇帝の権威が一気に衰え、各地の領主は独立傾向を強め、それぞれがイギリス人勢力と衝突します。たとえば、マイソール王国は1767年から1799年までの間に四度、マラーター同盟は1775年から1818年までの間に三度、シク王国は1845年から1849年までの間に二度、イギリス東インド会社軍と戦っています。それぞれ、マイソール戦争、マラーター戦争、シク戦争といいます。しかし、いずれの戦いも最終的にイギリス側が勝利しました。

戦争を経てイギリスによるインド各地の支配が確立されるなか、オランダやフランスは、インドでの活動を縮小させていきます。力を見せつけたイギリス東インド会社（以降、東インド会社）は、マイソール王国や北部のカシュミール（カシミール）地方にあるジャンムー・カシュミール王国など、自社の意向に従うことになった地方領主には一定の自治権を持つことを許しました。こうしてインドには、ムガル皇帝一族のわずかな支配地と、イギリス人勢力が直接支配する地域のほか、地方領主による「藩王国」が次々に成立していきました。藩王国は最大で約５６０を数え、それらの領域はインド亜大陸の3分の1を占めました。

イギリスでは18世紀後半から産業革命が起こり、１７８０年代には蒸気機関を利用した紡績機が実用化されます。そうすると、それまでインドから輸入していた綿織物を工場で大量生産して利益を上げるようになります。19世紀に入ると、インドとイギリスの輸出入が逆転。イギリス産の安価な綿織物がインドに流入します。その結果、これまで手作業で綿織物をつくっていたインドの手工業者は大打撃を受け、職を失った多くの人々が貧困化しました。

インド産の綿織物が自国で売れなくなったため、イギリス東インド会社は新たな輸出品として、繊維製品の原料であるジュート（黄麻《こうま》）をはじめ、コーヒー、麻薬の原料となるアヘンなどに目をつけ、その栽培をインドの農民に広めました。インドの農村はこれら商品作物の栽培に追われます。

インドの富を吸い上げて豊かになっていったイギリスでは、18世紀から嗜好品《しこうひん》として茶の消費量が増加していました。イギリスは、自国産の繊維製品をインドに輸出する一方、中国の清《しん》から茶葉を輸入し、その赤字を補おうとインドで収穫したアヘンを清に転売するという三角貿易を確立させました。アヘンが流通した清では中毒になる民が増えたため、イギリスへの反発が高まり、これが原因で１８４０年にはイギリスと清の間でアヘン戦争が起こっています。

新たな価値観が広がった

当時のインドの人々は、立場や地域、言語、あるいは信仰による隔たりが強く、「自分はインド人だ」というような共通意識はありませんでした。ヒンドゥー教徒の多くは、たとえば油屋や家具職人といったジャーティ（職業カースト）ごとの共同体に属し、職業カーストが同じであれば交流がありましたが、異なるカースト間の接点は限られていました。

農村部では伝統的な職業ごとのカーストによる上下関係が根強く残っていたのに対し、都市部ではイギリス人のもとで働く役人や法律家、東インド会社と取引する商人が増え、王侯貴族と民衆との間に位置する中間層が形成されていきます。その構成も地域によって異なりました。カルカッタでは、主にヒンドゥー教徒のバラモンでしたが、ボンベイでは、主にムスリムや少数派のパールシー教徒（ゾロアスター教徒）の商人でした。

日常で使う言語も多様で、基本的にヒンドゥー教徒の間ではヒンディー語、ムスリムの間ではウルドゥー語が使われていました。そこに、インドを効率よく支配したいと考えたイギリス人が、自分たちと文化や教養を共有するインド人のエリート層を育成しようと、１８３５年からインド各地の学校で英語教育を広めます。2年後には、ムガル帝国の公用語だったペルシア語に代わり、英語が全国の官庁で公式な文書に使われる公用語に定められました。

イギリス支配下で社会が変化するなか、インド人の間から、カーストによる身分や男女間の差別を見直そうとする動きが現れます。その代表格が、思想家のラーム・モーハン・ローイです。ローイはバラモンでしたが、キリスト教やイスラーム教を深く研究し、夫の死後に妻が殉死《じゅんし》する習慣、幼児婚、一夫多妻などの廃止を訴える「ヒンドゥー教改革運動」を起こします。ローイの働きによって、ベンガル地方では1829年に妻の殉死が公的に禁止されました。ただし、こうした動きに反発する保守層も根強く、19世紀を通して、改革運動と古くからの伝統を重視する保守派との衝突がくり返されます。

大反乱の末に待っていたもの

このころイギリスは、産業革命による商工業の発達で自由貿易を望む者が増え、東インド会社による貿易利権の独占に対する不満が高まっていました。このため、1833年に東インド会社の商業活動は停止され、インドとイギリスとの貿易事業への参入が自由化されました。以降の東インド会社はインドを統治する機関となり、ベンガル地方を担当していたベンガル総督が、インド全体を支配する「インド総督」となります。そのインドでは、イギリス製の綿の普及で綿産業が落ち込み、インド社会は疲弊します。

1856年、アワド藩王国の男子の継承者がいなかったことを理由に、東インド会社は王国領をイギリス領へと編入しました。この一件は、領主の間でイギリスへの反発を一気に広めます。

1857年5月、デリー近郊のメーラトにおいて東インド会社に雇われていたシパーヒー（兵士）が反乱を起こします。きっかけは、新式のエンフィールド銃に弾丸を込める際、弾丸の包み紙を歯でかんで破らなければならなかったことにありました。包み紙には動物の油脂《ゆし》が塗られており、牛の脂《あぶら》ならば牛を神聖視するヒンドゥー教徒には許しがたいことですし、豚の脂ならば豚を不浄な動物とするムスリムには耐えがたいことでした。

このことをきっかけに爆発した兵士の反乱は、農民から領主まであらゆる階層を巻き込み、またたく間にインド各地に広がりました、これは「インド大反乱」と呼ばれます。大反乱が起こる前、大量のチャパティが村から村へと配られました。農民の間でチャパティとともに反英的なメッセージが伝達されていたのではないかとされています。

反乱軍はデリーを占拠して、東インド会社軍の駐屯地や東インド会社の施設を攻撃すると、ほとんど実権のなかったムガル皇帝のバハードゥル・シャー2世を担ぎ上げ、ムガル帝国によるインド支配の回復を唱えました。各地の有力者もイギリス人に果敢な戦いを挑みます。その1人、北部のジャーンシー王国の王妃であるラクシュミー・バーイーはみずから軍を指揮。志を果たせずに戦死しますが、のちに「インドのジャンヌ・ダルク」と呼ばれ、人々に敬愛されています。

東インド会社軍が総力をあげて反乱の鎮圧に乗り出すと、1857年9月にはデリーが陥落し、バハードゥル・シャー2世は捕らえられます。老いた皇帝は、もともと反乱軍の協力に消極的な姿勢でしたが、退位させられたうえデリーから追放されます。それから東インド会社軍は、各地の反乱軍を撃破していき、翌年にはほぼ全土を制圧しました。

反乱軍の敗因はどこにあったのでしょうか。装

備も組織も近代的な東インド会社軍に対し、反乱軍は数こそ多かったものの指揮系統を欠き、各地域や各宗教の間に協力関係はありませんでした。しかも、ムスリムの支配階級と対立していたパンジャーブ地方のシク教徒が、イギリスに味方するケースも見られました。

英領インド帝国が成立

反乱を鎮圧した1858年、イギリスで「インド統治法（インド統治改善法）」が制定されます。これにより、東インド会社は反乱の責任を取る形でインドの内政における全権限をイギリス王家に献上したうえで解散し、イギリス政府がインドを統治することになりました。かくして、ムガル帝国は完全に滅び、インドはイギリス領となります。その版図は、現在のインド、パキスタン、バングラデシュ、ミャンマーにおよびます。

時のイギリス国王であったヴィクトリア女王は、インドの直接統治を始めるにあたって、基本的にインド内の各地域、宗教ごとの慣習に介入しないこと、藩王の自治権を維持すること、そして、イギリス人に忠実なインド人は官吏として厚遇することを表明します。地方の大地主や王侯貴族といったインドの伝統的な支配層、都市部の中間層からの支持を獲得しようとしたのです。

とはいえ、イギリスによる支配の実態はインドの富を奪うものでした。インドで働くイギリス人の官吏や軍人の給与、イギリス人によるインドでの工場や鉄道などの建設費、イギリスの利権を守るためインド近隣で諸外国と戦争する場合の軍事費などは本国費と呼ばれ、インド人からの税金でまかなわれました。

さらに、インド人が団結して自分たちに反抗することを避けるため、地域や宗教、カーストによる分断を温存する分割統治を採用します。インド人の軍隊を例にとると、ヒンドゥー教徒でバラモンだけの部隊やムスリムだけの部隊など、宗教やカーストごとに編制し、部隊同士が反目するよう仕向けたのです。

1877年以降は、イギリス国王がインド皇帝を兼ねることが定められたことから、インドは「インド帝国」となります。

同時期、イギリスは地中海と紅海を結ぶスエズ運河の経営権を手に入れました。これによって、ヨーロッパとインドの間の航路は大幅に短縮され、それまで以上にイギリスによるインド洋貿易と、アジアでの勢力圏の拡大が進みます。当時のイギリスは、インドのみならず、東南アジアや太平洋、中東、アフリカ大陸に次々と植民地を広げ、「大英帝国」と呼ばれるようになりました。そのイギリスの領土拡大を支えたのは、じつはイギリスによって動員されたインド人兵士でした。

独立運動のはじまり

イギリス統治下におけるインドの上流階級のなかで、イギリス式の学校で教育を受けたりイギリスに留学したりして学識を身につけ、法律家や役人、教師などになる人が増えていきます。これら知識人を中心として、自分たちインド人がみずから祖国の統治を担うべきだという考え方がしだいに広まり、自治権の拡大を唱える声が高まります。

こうしたなか、インド人に友好的なイギリス人政治家のヒュームの協力によって、1885年にはボンベイでインド国民会議が開催され、インド各地から72人の代表が集まります。イギリス側の目的は、自分たちの支配体制を維持しつつ、インド人の有識者の意見を統治の参考にすることでした。その思惑とは裏腹に、国民会議はインド独立を目指す政治団体に発展します。そして「インド国民会議派（以降、国民会議派）」へと変貌します。選挙によるインド人の政治参加、イギリス人が独占していたインドの高級官吏にインド人を任命するなどの要求を出します。

初期の国民会議のメンバーは、早くからイギリスに支配されていたベンガル州の出身者が多かったものの、イギリス支配に最後まで抵抗したマハーラーシュトラ州の出身者や、少数派のパールシー教徒も参加しており、多彩な顔ぶれでした。ただし、インドは地域によって言語が大きく異なっていたので、皮肉なことに国民会議での共通語は英語でした。

19世紀末から20世紀初頭のインドでは、ガンジス川下流域の風土病であるコレラの大流行と、大飢饉の発生によってたくさんの人々が命を落とします。その怒りの矛先は統治者であるイギリスへと向かいます。とくにベンガル地方で起こった抵抗運動ははげしく、イギリス側は１９０５年10月に、ベンガル州をヒンドゥー教徒が多い地域とムスリムが多い地域とに分割するベンガル分割令を発して、住民の団結を切りくずそうとしました。ところが、この措置は猛反発を招き、イギリス製品の不買をはじめとする反英運動が激化したため、1911年に分割令は撤回されました。

イギリスは長らくカルカッタにインド総督府を置いていましたが、同年にデリーを首都とし、旧市街の東南に西洋風の市街地「ニュー・デリー」を建設し、インド支配のための中央政庁が置かれます。これはイギリスの重要施設がインド東部に偏っていたのを解消するとともに、カルカッタを中心としたベンガルの反英運動が根強かったことも大きな要因としてあげられます。

ベンガル分割令での反対運動を契機に、国民会議派には急進的な独立派が増えました。しかし、組織内では主導権を握るヒンドゥー教徒に対し、少数派であるムスリムの不満が高まり、1906年に「全インド・ムスリム連盟（以降、ムスリム連盟）」が結成されます。この機にイギリスは、ヒンドゥー教徒とムスリムの対立を利用してムスリム連盟と友好的な態度をとることで、国民会議派を牽制《けんせい》しました。

インド経済の発展

このころ、インドの人々の暮らしはどうなっていたのでしょうか。まず、茶やサトウキビ、綿花、アヘン、染料のインディゴといった商品作物の栽培に従事する多くの農民がいました。そのなかでも、イギリス人が大規模プランテーションを経営する北東部のダージリンは茶葉の産地となり、同地で栽培された茶葉は最高級のダージリン紅茶として世界的な人気を集めます。同じく北東部のアッサム、南部のニールギリも紅茶の産地として有名です。にもかかわらず、商品作物の利益はイギリス人の懐《ふところ》に入るばかりで、インド人の賃金は低く、しかも日常的な食料生産はおろそかにされ、ひとたび疫病や大規模な自然災害が発生すれば、たやすく飢餓《きが》が広がりました。

一方、都市部ではイギリス人の手によって急速に商工業が発達します。かねてよりムガル帝国の各地ではサンスクリット語で「銀」を意味する「ルピー」という通貨が使われており、1835年にイギリスの通貨であるポンドとの交換レートが正式に定められたことでインド全土の公式な通貨とされました。現在もインドだけでなく、パキスタン、ネパール、スリランカなどでルピーが通貨とされています。

19世紀後半になると、イギリス製品やインドの原産物の輸送、および軍の移動のため、年間平均2261キロメートルもの鉄道がインドの財政に大きな負担をかけながら、敷設されました。1887年にボンベイに建設された「チャトラパティ・シヴァージー・ターミナス駅」は最盛期の大英帝国の財力を示す壮麗な建築で、世界文化遺産に登録されています。

商業の発達にともない、インド人の企業経営者も育っていきました。西部のグジャラート州を地盤としていたタータ一族は貿易商会を1868年に設立すると、のちに綿紡績をはじめ、海運や鉄鋼など多くの業種に進出し、20世紀に入るとインド屈指の大財閥に発展します。タータ一族をはじめ、新興の企業経営者にはかねてより商業従事者が多いパールシー教徒が少なくありませんでした。1

916年には北部のラージャスターン州出身のビルラー一族が綿紡績工場を立ち上げたのを皮切りに、多角経営によってタータ一族に並ぶ財閥となります。

また19世紀後半には、インド出身の多くの商人や労働者が、イギリス統治下の南アフリカや東南アジア、中米などへ出稼ぎに行きます。現在のトリニダード・トバゴほか、カリブ海の旧英領の島々でカレーが普及しているのはこのためです。

諸外国に移民したインド人の子孫は「印僑《いんきょう》」とも呼ばれ、1000万人とも2000万人ともいわれます。例をあげると、イギリスで活躍した人気ロックバンドで、クイーンのボーカルだったフレディ・マーキュリーの親はインド出身です。2022年にイギリス史上最年少で首相に就任したリシ・スナクも、両親は東アフリカへのインド移民の子孫でした。

イギリスによる支配は、その後のインドの文化面にも影響を与えており、とくにスポーツで顕著です。なかでも、イギリスが起源とされるクリケットは植民地期のインドで普及し、現在ではインドで最もポピュラーな競技となっています。4年に1回行われる世界大会ではたくさんの国民が熱狂します。

ひみつコラム

インドのファッション

サリーの着こなしは100通り以上!?

インドの人々のファッションといえば、真っ先にサリーを着た女性を思い浮かべるでしょう。サリーはインドをはじめとする南アジア各国の民族衣装です。ヒンドゥー教徒だけでなく、ムスリムも着用します。じつは、かつてインドの高貴な女性は上半身裸でいることが普通でした。しかし、女性の肌の露出を禁じるムスリムの支配がおよぶと、上半身も布で隠すためにサリーが広まったといいます。

サリーはサンスクリット語で「細長い布」を意味し、長辺が5メートルほどのサリーを体に巻きつけて着用します。着こなしは少なくとも100通りはあるとされます。素材や色、巻き方などによってだいたいの出身地やカーストがわかるといいます。

サリーのほかにも、丈の長いワンピースにズボンを合わせたパンジャービ・ドレス（サルワール・カミーズ）も人気です。

なお、既婚のヒンドゥー教徒の女性は、眉間にビンディという赤い丸印を描く習慣がありますが、最近はカラフルなシール状のビンディも売られており、未婚女性のファッションアイテムにもなっています。

男性の代表的な民族衣装は、シャツのクルターと、ゆったりとしたズボンのパジャマです。とはいえ、街中を歩くと、襟付《えりつ》きの洋服を着た男性をよく見かけます。

そしてターバンはというと、古代からインドで着用されていたことが、彫刻などからわかっています。ですが、今日のインドで見かける機会は多くありません。ターバンを着ける慣習が残っているのは、主にシク教徒の間だけだからです。

知れば知るほどおもしろいインドの偉人❹

イギリスと戦い続けた南インドの王

ティプー・スルターン

Tipu Sultān

（18世紀半ば～1799）

有名SF小説の登場人物のモデルとされる

ラクシュミー・バーイーをはじめ、反英闘争に身を投じた人物は数多くいます。南インドのマイソール王国の君主だったティプー・スルターンもその1人です。

イギリスがインドで勢力を拡大しつつあった時代にティプー・スルターンは王子として生まれ、王である父親を助けて、東インド会社軍と戦います。1782年に起こった第二次マイソール戦争では東インド会社軍を破って講和にこぎつけます。その勇猛果敢さから「マイソールの虎」と呼ばれ、東インド会社軍からおそれられました。父の死去後、王位を継いだのちもイギリスとの争いは続き、第四次マイソール戦争で戦死を遂げます。

19世紀のフランスの作家であるジュール・ヴェルヌが発表した『海底二万里』と『神秘の島』にキーパーソンとして描かれているネモ船長は、このティプー・スルターンがモデルとされています。

chapter 5

独立と分離と

戦争に協力したのに

20世紀に入ると、インドをはじめ、アジアやアフリカに植民地を広げるイギリスに対抗し、ドイツが勢力圏を拡大したことで、英独の対立が深まります。東アジアでは、日本が日露戦争に勝利したのちに朝鮮半島を併合し、清朝が辛亥《しんがい》革命によって倒れて中国大陸に中華民国が成立するなど、国際情勢は急激に変動します。こうしたなか、1914年7月、イギリス、フランス、ロシアほかの連合国と、ドイツ、オーストリア、オスマン帝国ほかの同盟国が衝突して、第一次世界大戦が勃発《ぼっぱつ》しました。

インドは戦場とはなりませんでしたが、イギリスから戦争協力を求められたため、兵員の供出をはじめ、戦場での輸送や土木作業などの人員として、のべ144万人以上がヨーロッパや中東に送られました。加えて、軍事費を確保するため増税が行われ、衣類や車両、船舶といった多くの物資も供出させられます。

戦時中、イギリスは戦争への非協力を敵対行為と見なし、インド内の反英運動の取り締まりを強化しますが、かえってイギリスへの不満が高まり、反英運動がはげしさを増します。独立運動家の1人で、元官吏のビハリ・ボースは1915年に反乱をくわだてたものの失敗し、日本に亡命します。日本は明治維新を経て富国強兵に努めた結果、日露戦争で列強であるロシアを破ったことから、列強の支配に抵抗するアジア各地の人々から注目されていたからです。

やがて、インド各地で活動していたインドの反英運動家たちは連携をはかります。このころの国民会議派は、イギリスに協調しつつ社会改革を目指す穏健派と、積極的な反英運動を唱える急進派とに分裂していましたが、1916年12月に開かれた集会で両派が再び合流します。同時に、ムスリム連盟とも協定が結ばれました。

この動きに対して、イギリス政府のインド担当大臣モンタギューは、インド人の不満を抑えるべく、戦争協力の見返りとして将来的にインド人の政治参加と、自治権の拡大

そのころ、日本では？

大正時代にあたる1915年、日本に亡命したビハリ・ボースは、東京の新宿でレストランを経営する中村屋の相馬愛蔵《そうまあいぞう》の保護を受け、インドや東南アジア諸国の独立運動を支援します。この際、ボースから調理法を伝えられたインドカレーが、中村屋の名物メニューになります。

を認める「モンタギュー宣言」を1917年8月に発表します。

1918年11月、第一次世界大戦はイギリスをはじめとする連合国側の勝利に終わりました。ところが、戦時中に大量の物資をイギリスに供出したインド国内では、物資の不足から物価が急激に上昇しており、庶民は大打撃を受けていました。そればかりか、大戦末期に世界的に流行したインフルエンザ（スペイン風邪）がインドでも大流行し、推定1700万人もの人々が命を落としたともいわれます。

終戦の翌1919年、地方議会と各地の州行政の一部にインド人が参加できる内容にインド統治法が改められます。しかし、その内容は戦時中にモンタギューが約束した自治権の拡大にはほど遠いものでした。しかもイギリスが反英運動を押さえ込もうと、令状なしでの逮捕や裁判なしでの投獄を認めるローラット法を導入したことで、インド人の不満はいっそう高まります。

同時期の欧米では、大戦への反省から平和主義と民族の独立が尊重されるようになりましたが、アジアやアフリカの植民地には適用されませんでした。このため、英領インドのみならず、仏領インドシナや日本の統治下にあった朝鮮など、アジア各地で独立運動が激化します。

終戦の余波は大戦で敗戦国となったオスマン帝国にもおよび、イスラーム教の最高指導者であるカリフを兼ねていたスルタンの権威が急速に衰えます。すると、「イギリスがカリフをおとしめようとしている」として各国のムスリムが立ち上がり、インドでもムスリムがカリフの存続を唱える「ヒラーファト運動」が展開されました。

「非暴力」を掲げる指導者

さて、ここで少し時間をもどします。第一次世界大戦中の1915年1月、1人の人物がインドへ帰国します。その名をモハンダス・ガーンディー（ガンディー）といい、藩王国の大臣の子として生まれ、青年期にイギリスに留学。弁護士資格を得ると、弁護士として働きながら英領南アフリカの反英運動にたずさわっていました。帰国後は国民会議派に加わり、インドの独立運動をリードしていくことになるのです。

運動を展開するにあたってガーンディーは、「非暴力・不服従」という方針をとります。この方針は、19世紀ごろから北インドのヒンドゥー教徒の間で標準語とされたヒンディー語で「真実と愛から生まれる力」を意味する「サティヤーグラハ」と呼ばれます。国民会議派もこの方針をとり入れ、イギリス人官吏への非協力、納税の拒否、イギリス人に命令された職務のストライキなどを人々に呼びかけました。かねてより国民会議派はイギリス製品のボイコットと国産品を愛用する運動（スワデシ）を展開していましたが、ガーンディーはさらにこれを進めて、イギリス製の布を買わずに手作業で糸をつむぐ運動を広めます。糸をつむぐガーンディーの写真があるのは、この運動を展開していたからです。

国民会議派の幹部の多くはイギリス式の教育を受けたエリート層で、洋服を着用していました。ところが、ガーンディーはあえて質素な伝統衣装を身にまとい、みずから各地の農村に出歩いて民衆に反英運動への参加を呼びかけました。また、ガーンディー自身は富裕な商人カースト（ヴァイシャ）に属するヒンドゥー教徒でしたが、カースト制度による不可触民への差別を批判。ムスリムとも積極的に協力関係を結び、身分や宗教の枠を超えて同じ〝インド人〟として団結することを主張しました。

イギリスへの非協力運動が盛り上がるなか、1922年2月にガーンディーの意に反した事件が発生します。警官と衝突した農民が警察署を焼き討ちしたうえ、警官を殺害したのです。この事件を受けてガーンディーが運動の中止を指示すると、国民会議派内で賛否両論が巻き起こりました。ガーンディーは翌月、危険人物としてイギリスの官憲に逮捕され、反英運動は一時的に停滞します。

完全な独立を目指す

ガーンディーの逮捕後の国民会議派では、非協力運動を重視するグループと、議会活動を重視するグループとが対立します。加えて、ヒンドゥー教徒を中心とした国民会議派と、ムスリム連盟との間でも方針の違いが目立つようになっていきました。

この状況に、イギリスは憲政改革調査委員会を発足させます。インド統治法が施行されているインドの状況を調査し、予定されていた次回の改正の際に参考とするためです。しかし、インドのこれからのあり方について話し合う委員会にもかかわらず、インド人は含まれていませんでした。そのため、1928年にイギリスから憲政改革調査委員会のメンバーがインドにやってくると、大規模な抗議デモが起こりました。

国民会議派やムスリム連盟をはじめとするインドの諸団体は、イギリスの方針に対抗すべく、憲法の原案を作成しました。この草案は弁護士で国民会議派の幹部だったモーティラール・ネルーが中心となって作成されたため、「ネルー憲法」と称されます。ただし、原案ではイギリスからの完全独立をうたわず、自治領への昇格を念頭に、人民主権、議会制民主主義、普通選挙などを盛り込むだけに留まりました。

同時期、女性の政治参画も進みます。国民会議派の議長も務めた詩人のサロージニ・ナイドゥらの働きかけにより、インド各地の州議会に女性の参政権が導入されました。選挙権は富裕な階層の女性に限られていたものの、そもそも女性に選挙権がなかったアジア各国とくらべて先駆けとなる動きでした。

自分たちで塩をつくろう！

1929年、アメリカのニューヨーク株式市場で株価が大暴落し、その影響はヨーロッパやアジアの各国に連鎖し、多くの国で投資や輸出入がふるわなくなりました。いわゆる世界恐慌のはじまりです。その余波がインドにもおよぶと、イギリス側は円滑なインド経営のため、将来的にインドに自治権を与えることと、インド統治法の改正について話し合う会議（円卓会議）の開催を発表します。同年12月に国民会議派はラーホールで大会を開き、インドの完全な独立を目指す方針と、刑務所を出所したガーンディーを中心として非暴力・不服従運動を再開することを決定します。

反英運動を再開したガーンディーはインドの即時独立をうったえず、貧しい民衆を救うため、政治と経済の改革をイギリスに要求します。具体的には、減税や軍事費の削減、インドの繊維産業を保護するための関税の導入、そしてイギリスによる塩の専売の廃止などです。なかでも、食事に欠かせない塩の製造・販売権をイギリス側が独占していることは大きな問題とされていました。

イギリスが要求の受け入れをしぶると、ガーンディーはイギリス人から塩を買うことを拒否したうえ、１９３０年3月、西部の都市のアフマダーバードから南下してダーンディー海岸までおよそ３８０キロメートルの道のりを、数十人の同志とともに行進します。これを「塩の行進」といいます。行進の道中で各地の人々とガーンディーは交流しながら、イギリス人から塩を買うのをやめ、自分たちで塩をつくるよう呼びかけました。

モーティラール・ネルーの息子であるジャワハルラル・ネルーら国民会議派の急進的な独立派は、ガーンディーが独立よりも塩づくりという活動に力を入れたことに違和感を抱いていました。ところが、塩という生活必需品を運動の中心にすえたことによって、非暴力・不服従運動は都市部のエリート層だけでなく民衆の幅広い支持を集めます。ガーンディーは同年5月に再び逮捕されたものの、塩の行進は海外でも大々的に報道され、インドの独立運動が世界に知られることになります。

ガーンディーの逮捕を受け、国民会議派はイギリスが呼びかけた円卓会議への参加をボイコットします。翌年9月に開かれた円卓会議には、ガーンディーが参加しましたが、成果は得られませんでした。

それぞれの思惑がぶつかる

ガーンディーやネルーら国民会議派の幹部は独立のほか、インド国内の複雑な社会問題にも直面していました。ヒンドゥー教徒とムスリムの対立、不可触民の地位向上、産業の発展で生じた資本家や地主と貧困層の格差です。

なかでも、ヒンドゥー教徒とムスリムの対立は深刻の度合を増し、両者の足並みはそろいません。ムスリム連盟はムスリムが多い地域の自治権を維持するために、州が大きな権限を持つ連邦制を望んでいた一方、国民会議派が掲げるネルー憲法では中央政府が強い権限を持つことを想定していました。そのため、ムスリム連盟の指導者であるムハンマド・ジンナーは、ムスリムの多い地域を分離独立させる方針に傾いていきます。

また同じヒンドゥー教徒であっても、不可触民は就労や生活の場を制限され、政治的な発言力がほとんどありませんでした。そこで不可触民を代表して、弁護士のビームラーオ・アンベードカルが円卓会議に出席し、インドの中央と地方の議会に不可触民の議員枠を設けるようイギリス側に求めました。このやり方はかえって不可触民の地位を固定してしまうと考えたガーンディーは、アンベードカルと論争をくり広げます。最終的には、ヒンドゥー教徒の選挙区内に一定数の不可触民の議席を設ける案が導入されます。

分割統治を旨《むね》とするイギリスは、ムスリム連盟やアンベードカルらが国民会議派と距離を置いて交渉をしてくる状況を好機ととらえ、国民会議派の勢力を削《そ》ごうと考えます。

他方、民間レベルで、広い範囲で政治に関わる動きが起こっていました。第一次世界大戦を経て、事業規模を拡大させたターター一族やビルラー一族といった資本家が、国民会議派を支援し、工場労働者や地方の農民は、労働組合や農民組合を次々に結成します。この動きは、帝政崩壊後のロシアにおいて労働者と農民による国家運営を掲げた共産党が政権を握ったことをきっかけに、労働運動が世界各地で活発になったことが背景にありました。1920年代に結成されたインド共産党は、ガーンディーの非暴力路線を批判して、武力行使によるインド独立と社会革命を唱えます。

自治権は拡大したけれども

1935年、選挙権の拡大が盛り込まれた新たなインド統治法（新インド統治法）が成立します。これにより、中央政府こそ依然としてイギリス人が一手に権力を握り続けますが、各地の州議会が選挙で選ばれたインド人議員の手によって運営されることになります。ただし、州政府の最高権力者にあたる知事はイギリス人であり、人事や政策を左右する権限を行使するなど、地方でもイギリスの影響力は残されました。なお、各地方政府と藩王国による連邦制にしようとしましたが、藩王の多くが連邦への参加を拒否したため、連邦制は実現しませんでした。

そして１９３７年、新インド統治法にもとづいた州議会選挙が行われます。その結果、全国11州のうち7州で国民会議派に属する議員が多数派となりました。

ようやく大きな一歩を踏み出しましたが、国民会議派内では出身地域や政策方針の違いによる政争が続いていました。なかでも、国民会議派の議長に選出されるほどの実力者だったチャンドラ・ボースは、急進的な社会改革、武力による反英闘争、インドの即時独立を強く主張したため、ガーンディーやネルーと衝突し、国民会議派を離れます。

一方、ムスリムが多いベンガル州やパンジャーブ州などでは、ムスリム連盟系の議員が多数派となりました。しかし、インド全体では国民会議派が優勢だったので、各地の議会で少数派のムスリムは国民会議派の政策方針に従うことを余儀なくされ、不満を募らせていきます。事態を打開するため、ガーンディーとジンナーは何度も交渉しましたが、合意は得られませんでした。

なお、1935年までの英領インドの版図にはビルマ（現在のミャンマー）も含まれていましたが、ビルマに対して強い影響力を維持したいイギリスは、新インド統治法でインドからビルマを切り離しています。

二度目の戦争協力

運動の成果によってインドの自治が進むかたわら、世界各地では不穏な空気が漂いつつありました。世界恐慌によって、イギリスとフランスは自国の経済圏を守るべく自国と植民地以外の貿易を控えるブロック経済という政策をとり、インドをはじめとするイギリス植民地に他国の商品がほとんど入ってこなくなります。すると、ブロック経済から締め出された日本やドイツは深刻な不況に陥りました。そして、この事態を打開しようと、自国の経済圏を拡大するため、戦争を正当化する声が高まります。

1937年7月、北京に駐留していた日本軍が中国軍と衝突し、これをきっかけに日中戦争が始まります。日本が中国における占領地を拡大していくなかで、中国を支援するイギリスやアメリカとの関係は急速に悪化していきました。

ヨーロッパでは、イギリスやフランスを敵視するナチ党がドイツで政権を握ると、隣国のオーストリアを併合するなど領土を拡大していきます。当初こそイギリスやフランスはドイツの動きを黙認していましたが、1939年9月にドイツ軍がポーランドに侵攻するとドイツに宣戦し、第二次世界大戦が勃発します。

イギリス統治下のインドも自動的に参戦させられ、またしてもイギリスから戦争協力を強要されます。しかし、第一次世界大戦のときとは異なり、イギリスの言いなりになりません。国民会議派は、イギリスと敵対するドイツなどの諸勢力と戦う意向を示しつつ、戦争協力することを拒みます。そのうえで、戦争に協力すればインドの独立を認めるのかを問いただし、各州政府において国民会議派に属する閣僚を総辞職させます。

最終的には戦争協力を受け入れましたが、通常の経費とインドの防衛に関わる以外の軍事費はイギリス側が出すことが定められました。このため、戦争を通じてイギリス側がインドに対して債務（借金）を背負うことになり、大戦後、イギリスとインドの経済的な関係は逆転することになります。

インドを立ち去れ

第二次世界大戦中、国民会議派はイギリスへの戦争協力に消極的だった一方、ムスリム連盟は積極的でした。なぜなら、戦争協力を通じてインド内でマイノリティーである自分たちの発言力を高めようという思惑があったからです。この方針のもとでムスリム連盟の結束力は強まり、1940年3月に「ラーホール決議」を発表します。これは、ムスリムが多数を占める西北部とベンガル地方を、将来的にインドから分離独立させるという内容でした。

内輪の問題だけでなく、外からも脅威が迫っていました。1941年にイギリスに宣戦布告した日本が、英領マラヤを含む東南アジアで占領地を拡大させ、翌年3月には英領ビルマに侵攻。インドをうかがう勢いを見せていたのです。

対応に苦しんだイギリスは、アメリカ側の後押しもあり、使節団を派遣してインドに積極的な戦争協力を求めます。そしてその見返りとして、戦後のインド連邦の創設と自治権の大幅な拡大を提示しました。しかし、即時独立の立場をくずさない国民会議派と、イスラーム国家の創設を求めるムスリム連盟の抵抗に遭い、使節団はさらなる戦争協力の要請を断念せざるをえませんでした。

立場を強めた国民会議派は、1942年にガーンディー主導のもとイギリスの即時撤退を求めて、「クイット・インディア（インドを立ち去れ）」を決議し、イギリスが認めなければ、非暴力的な手段で闘争を続けると発表しました。対してイギリス当局は、ガーンディーやネルーら国民会議派の指導者を逮捕したうえ、国民会議派を非合法な組織と認定します（1945年に合法と認められる）。

このイギリスの対応に怒った民衆は大規模な反英運動「インドを立ち去れ（闘争）」を開始します。運動は終戦の前年まで続きます。一方、ジンナーはこの運動を非難。国民会議派が非合法化されている間にムスリム連盟が勢力を伸ばします。

インドでクイット・インディアが展開されていた1943年、国外で活動していたチャンドラ・ボースが日本の占領下にあった英領シンガポールにおいて、イギリス軍から離反したインド兵や現地で参加したインド人らで構成されたインド国民軍の指揮官となります。さらに自由インド臨時政府の樹立を宣言し、首班の座に就きます。国民軍にはヒンドゥー教徒とムスリムが肩を並べて参加していました。翌年には連合軍が支援する中国への補給路を断つ目的で、日本軍がインド東部のインパールを攻略しようとした作戦に参加しましたが作戦は失敗し、大きな犠牲を出しました。

ボースはドイツや日本の敗戦後、1945年8月、ソビエト連邦（ソ連）への亡命をはかり、台湾から中国大陸の東北部の大連《だいれん》に向かう予定だった陸軍機に便乗しましたが、離陸寸前に飛行機事故に遭って急死します。

ついに独立を果たしたが

1945年5月にドイツが、同年8月には日本が降伏し

そのころ、日本では？

日本が敗戦を迎えた翌年、連合国主導のもと極東国際軍事裁判（東京裁判）が開かれます。各国から判事が派遣され、そのなかにインド人弁護士だったパールの姿もありました。ほかの判事が被告を有罪とするなか、パールだけは被告を無罪と見なしています。

て、第二次世界大戦は連合国側の勝利に終わりました。イギリスをはじめとする連合国側は戦時中、ドイツや日本による侵略戦争を批判しながら各植民地には戦争協力を求めていました。そのため、自分たちの植民地支配を正当化するのが困難になっており、インドでも独立運動がますます激化します。しかも、植民地に大規模な軍隊を駐留させ続けることも大きな財政負担となっていました。

1946年2月、ボンベイでインド人の水兵が反乱を起こし、市民も同調してストライキを決行しました。しかし、国民会議派とムスリム連盟は武力を用いた行動を支持せず、反乱兵らは数日でストライキを停止させます。

この事件にイギリスは動揺します。というのも、運動が激化して大規模な反乱が起こったとしても軍隊を動員して鎮圧すればよいと考えていたのに、その軍が反乱を起こしたからです。こうしてイギリスは、インドの独立を容認する方針へと傾きます。

とはいえ、英領インドの版図のまま独立するか、ムスリムが多い地域を分離独立させるかでインド内部で意見調整が難航します。イギリス政府はインドに使節団を派遣して、ヒンドゥー教徒が多い州とムスリムが多い州、それぞれに大きな自治権を持って共存する案と、ムスリムが多い地域の分離独立案を提示しました。

1946年9月には完全独立に移行する前段階の中間政府が発足し、ネルーが暫定政権の首班に就きます。ガーンディーは分離独立に反対していましたが、ネルーが率いる国民会議派と、ジンナーが率いるムスリム連盟の溝は深まるばかりで、インド総督だったマウントバッテンも分離独立案を支持します。翌年7月にはイギリス議会で「インド独立法」が可決され、1948年6月までにインドを独立させると発表されました。けれども、この間もインド各地ではヒンドゥー教徒とムスリムの衝突が多発し、ほどなく独立の日程は、同年8月にくり上げられます。

かくして、1947年8月15日、インドは独立し、ネルーが正式にインド首相となりました。なお、この8月15日は独立記念日として、現在のインドで祝日とされています。

インドが独立する前日の14日、ムスリムが多い地域が分離独立して、パキスタンが建国されます。パキスタンという国名は、東部のパンジャーブ州を指す「P」、西部に接

するアフガニスタンを指す「A」、カシュミールの「K」、イスラーム教を指す「I」、アラビア海に面する南部のシンド州を指す「S」、西南部のバルチスタン地方の語尾「TAN」を組み合わせたもので、インドと近隣地域のムスリムに使用者が多いウルドゥー語で「清らかな国」という意味になります。

この分離独立に際して、インド側からは多数のムスリムがパキスタン側に移動し、パキスタン側からは多数のヒンドゥー教徒がインド側に移動したことで一説に1200万もの難民が発生したとされ、このときに起こった暴動によって100万人が犠牲になったともいわれています。

このインドの独立は、同じく列強の支配下にあったアジア各国を大いに刺激し、1948年には英領ビルマがイギリスから独立し、1949年にはインドネシアがオランダから、1953年にはラオスとカンボジアがフランスから独立しました。

インドの宗教人口

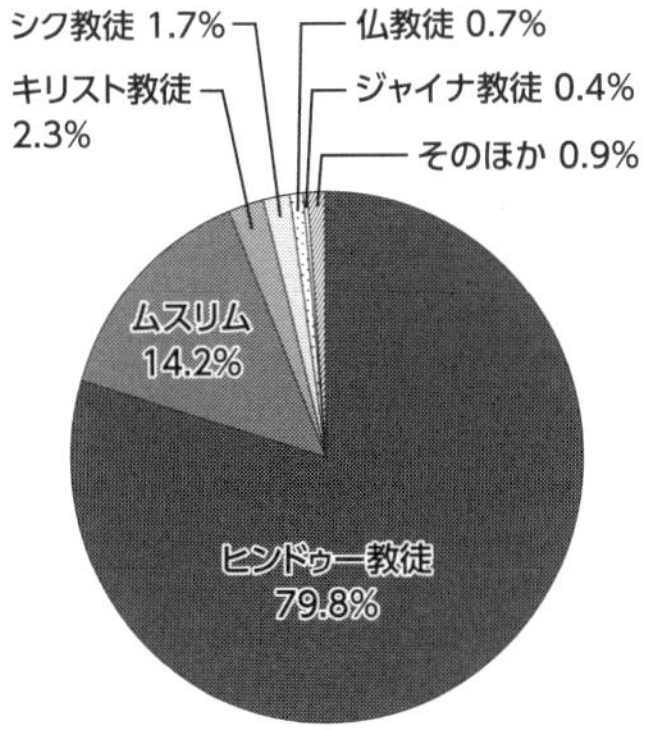

※2011年の「国勢調査」より

近代インドを代表する詩人

ラビンドラナート・タゴール

Rabindranath Tagore

（1861 ～ 1941）

アジアで初めてノーベル賞を受賞する

詩聖と称されているタゴールは、ベンガル地方の中心都市であるカルカッタのバラモンの家庭に生まれました。幼少から古典文学にふれ、17歳のときイギリスへ留学。帰国後は学校を創設して青年の教育や農村改革運動を進めつつ、地元の貧しい農民の地位向上のために働き、そのかたわらで詩や小説、劇の原作を発表します。

イギリス支配のもとで、文学作品を通じて国土や伝統文化への愛着と民族の誇りを広める活動も行い、独立運動を主導していたガーンディーとも交流を持ちます。

1910年に発表した詩集『ギータンジャリ（神への捧げ歌）』が高い評価を受け、1913年にアジア人初となるノーベル文学賞を受賞します。また、作詞・作曲した『ジャナ・ガナ・マナ（インドの朝）』は、1950年にインドの国歌に制定され、作詞した『我が黄金のベンガルよ』は、バングラデシュの国歌になっています。

chapter 6

大国としての歩み

独立国としてのあり方

独立後のインドは当初、イギリス国王を名目上の国家元首として国号を「インド連邦」と定めました。広大なインドは地域によって多様な民族・宗教が混在するため、各州の政府が大きな権限を持つ連邦制が採用されたのです。

1950年1月26日に憲法が施行されます。これは「インド憲法」と呼ばれ、新インド統治法とインド独立法を引き継いでおり、独立国においては世界最長の成文憲法です。施行されて以降は、連邦制を維持したまま「インド（連邦）共和国」と改め、連邦議会で選出された大統領を国家元首にすえます。大統領は行政府の長とされていますが実質的には名誉職であり、実権は下院議会で多数派の政党を率いる連邦首相が担います。初代首相はネルーが務め、初代大統領には国民会議派の古参幹部だったラージェーンドラ・プラサードが選ばれました。

また同時期に成立したパキスタンは、イギリス国王を名目上の国家元首とした自治領であり、実質的な大統領職にあたる初代総督にジンナーが就任しました。1956年に

インドの政治の仕組み

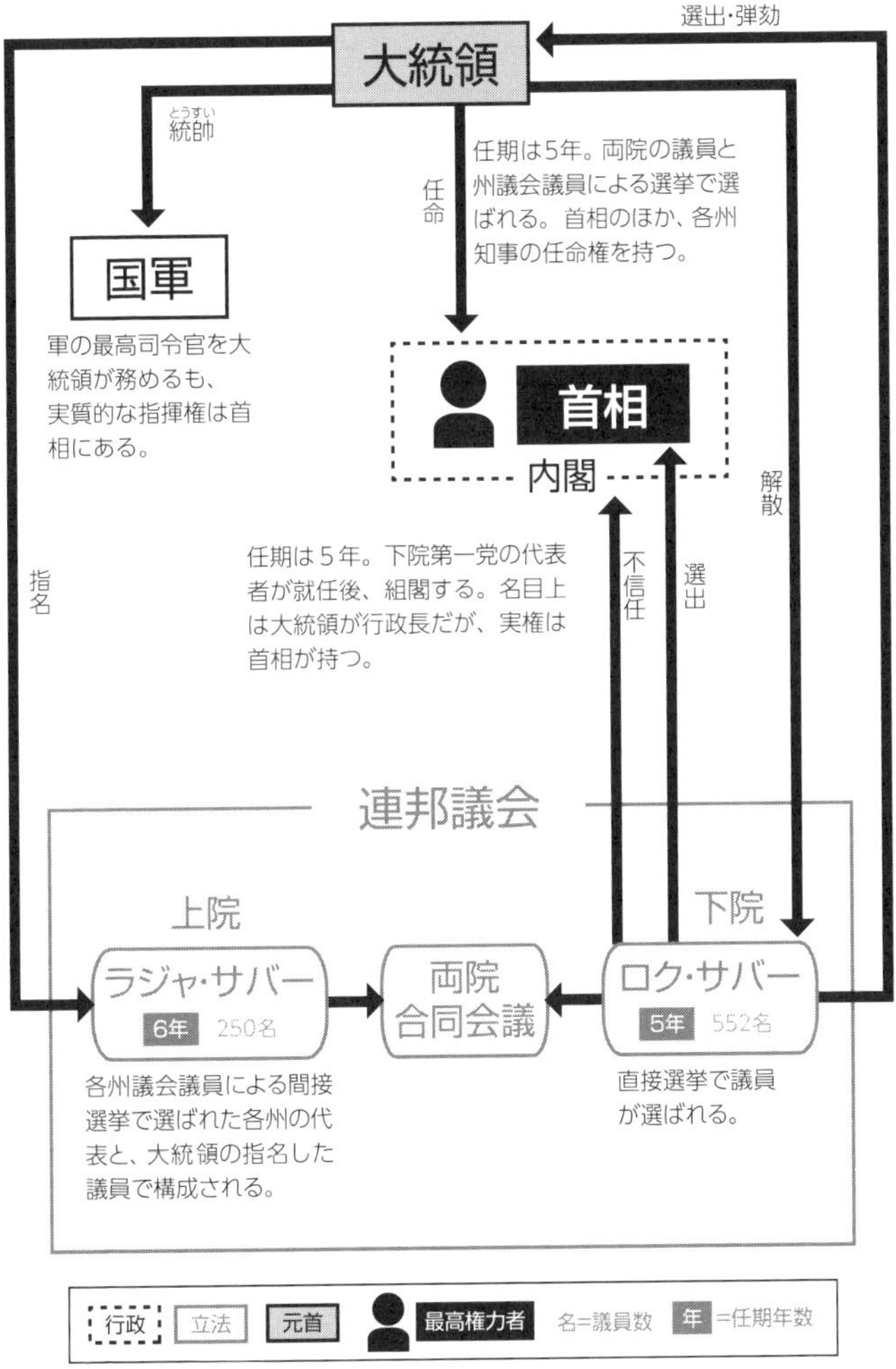

選出・弾劾
大統領
統帥《とうすい》
任命
任期は5年。両院の議員と州議会議員による選挙で選ばれる。首相のほか、各州知事の任命権を持つ。
国軍
軍の最高司令官を大統領が務めるも、実質的な指揮権は首相にある。
首相
内閣
解散
指名
不信任
選出
任期は5年。下院第一党の代表者が就任後、組閣する。名目上は大統領が行政長だが、実権は首相が持つ。
連邦議会
上院
下院
ラジャ・サバー
6年 250名
両院合同会議
ロク・サバー
5年 552名
各州議会議員による間接選挙で選ばれた各州の代表と、大統領の指名した議員で構成される。
直接選挙で議員が選ばれる。
行政
立法
元首
最高権力者
名=議員数
年 =任期年数

は、共和政に移行するとともに、国名を現在の「パキスタン・イスラーム共和国」とします。

インドの連邦議会は上院と下院からなり、下院には政治的な発言力が弱い少数民族や指定カースト（不可触民）の留保枠議席があります。議席は1960年代まで長期にわたり、国民会議派が大多数を占めました。旧ムスリム連盟の幹部はパキスタンに移りましたが、インド国内のムスリムは後継政党のインド連合ムスリム連盟を結成します。そのほか、南部を地盤とするドラーヴィダ進歩党（ドラヴィダ進歩連盟）をはじめとする地域政党、急進的な社会改革を唱えるインド共産党ほか、いくつもの政党があります。

なお、インドとパキスタンは独立して以降、現在に至るまで、カナダ、オーストラリア、シンガポールなどイギリスの植民地だった国々とともに、イギリスを中心とする国家連合の英連邦（コモンウェルス・オブ・ネーションズ）に属しています。

独立してすぐに戦争が

念願かなって独立したインドとパキスタンでしたが、独立直後から両国は衝突します。

英領時代の500を超える藩王国のなかには、独立にともなってインドに属するかパキスタンに属するか立場をはっきりさせませんでした。そのため、国境未画定の地域が多く残されたことが引き金となったのです。

その代表例が、北部のカシュミール地方にあるジャンムー・カシュミール藩王国です。同地の藩王はヒンドゥー教徒でしたが、人口の約75％がムスリムだったため、インドとパキスタンのどちらに属するかを決めかねます。そうして独立から間もない1947年10月、カシュミール地方の帰属をめぐってインド軍とパキスタン軍が衝突し、第一次インド・パキスタン戦争（印パ戦争）が勃発しました。第二次世界大戦後に発足された国際連合（国連）による停戦の呼びかけを受けて、1949年1月に戦闘は停止され、インドとパキスタンの両国でカシュミール地方を二分することになります。

デカン高原南部の広大な地域を支配していたハイダラーバード藩王国では、藩王はムスリムでしたが、住民の約85％はヒンドゥー教徒が占めていました。藩王はインドへの編入に抵抗しましたが、インド政府は1948年9月に軍を派遣し、ハイダラーバード藩王国を併合します。

ヒンドゥー教徒とムスリムの衝突が独立後も相次ぐなか、独立の立役者の1人であるガーンディーはインド各地をめぐり、宗教対立の解消を説いていました。しかし、この行動は一部のヒンドゥー教徒の強い反発を招き、1948年1月30日にヒンドゥー教徒の青年に暗殺されます。78年の生涯でした。翌日営まれたガーンディーの国葬には200万を超える民衆が参加し、その死を悼《いた》みました。遺骸《いがい》は火葬され、遺灰はガンジス川に流されました。火葬されたデリー市内の公園には慰霊碑《いれいひ》（ラージガート）が建てられ、現在でも多くの人が訪れます。

ガーンディーに対するインド国民の畏敬《いけい》の念は強く、親愛を込めて「バープー(父)」と呼ぶほか、「マハトマ（偉大な魂）」と尊称しています。誕生日である10月2日は祝日と定められているほか、複数の紙幣にガーンディーの肖像が採用されたり、ガーンディーの出身地にあたるグジャラート州の州都はガーンディーナガル（ガーンディーの町）と改称したりするなど、その功績をたたえています。

ガーンディーの影響はインド国内に留まりません。1950〜60年代のアメリカで公民権運動を主導した1人、キング牧師はガーンディーの考え方に共感し、非暴力抵抗運動を展開しています。

1948年9月には、パキスタン総督だったジンナーが病死します。インド亜大陸の二つの政権は相次いで指導者を失いながら、新たな歩みを始めることになります。

政党政治の第一歩

ネルー率いる国民会議派政権は、ヒンドゥー教徒以外の少数派も含めた広範な国民の支持を得るため、政教分離を国是《こくぜ》として掲げ、国の舵取《かじと》りを始めます。

インドをはじめ、第二次世界大戦後に独立したアジア諸国の多くは、1960年代ごろまで工業の規模が小さく、民間企業が十分な生産力を持っていませんでした。このため、社会主義の要素を取り入れ、政府が一元的に工業生産の数値や、そのための資源の配分を決定するケースが多く、インドもこうした計画経済政策をとりました。まず、それまでイギリスなどの先進国から購入していた機械類や車両や日用品といった工業製品を国産化すること（輸入代替工業化）が目標とされます。

1951年4月には、農業生産の拡大、電力や交通網ほかのインフラ整備、貧困層のための新しい住宅の建設などを盛り込んだ第一次5カ年計画をスタートさせ、新たな農地が開発され、発電所や道路が次々と整備されます。

法制面でも動きがありました。インド独立前後に法務大臣のアンベードカルを中心に起草された憲法では、カーストによる差別の撤廃が明記されていました。アンベードカルはこれを進めて、インド独立の翌年に男女平等な財産相続、婚姻と離婚の自由、一夫多妻制度の廃止、異なるカースト間での自由な結婚の保障といった要素を備えた、より近代的な家族法を議会に提案します。しかし、保守的なヒンドゥー教徒の根強い反対によって改革は十分に果たされず、アンベードカルは政府を去りました。

その後、アンベードカルはインド在来の宗教でありつつカーストによる差別を否定する仏教に着目し、多くの指定カーストに仏教への改宗を呼びかけ、みずからも仏教徒となりました。こうした仏教徒は、新仏教徒と呼ばれます。このインド仏教復興運動はアンベードカルの死後も少しずつ拡大を続け、１９８０年代以降は、インドに帰化した日本生まれの僧侶の佐々井秀嶺《ささいしゅうれい》（インドでの名はアーリア・ナーガルジュナ）がインド仏教徒の代表を務めています。

トラブル続出の対外関係

戦後の国際社会では、アメリカを中心とする自由主義陣営（西側諸国）と、ソ連を中心とする社会主義陣営（東側諸国）の対立が浮上し、いわゆる冷戦体制となります。インドは両陣営のいずれにも属さない非同盟中立政策をとり、同じく戦後に大国の支配から脱したアジア、アフリカ、中東諸国との連携を目指します。

1949年、中華民国に代わって、建国された中華人民共和国（以降、中国）が中国大陸の主導権を握ります。その中国とはヒマラヤ山脈に面するチベット周辺で国境を接し、両国の勢力圏には未確定な部分もありました。このため、1954年4月にネルーと中国首相の周恩来《しゅうおんらい》は会談し、「たがいの領土と主権を尊重・相互不可侵・内政不干渉・

そのころ、日本では？

日本は1951年にサンフランシスコ平和条約を結び、多くの国と国交が正常化し、翌年にはインドとの間で「日印平和条約」を結びました。その後、日本はインドを経済支援するようになり、2004年以降、インドは政府開発援助（有償資金協力〈円借款《えんしゃっかん》〉）の最大の受取国となっています。

平等互恵・平和共存」を基本方針とする「平和五原則」に合意します。

1955年4月には、インド、中国、エジプト、インドネシアが中心となって「アジア・アフリカ会議」が開催されました。イラン、エチオピア、タイ、トルコなど29カ国が参加し、日本も議決権のないオブザーバーながら代表を派遣しています。アジア・アフリカ会議では、平和五原則に加えて、侵略戦争への反対、相互の利益と協力の促進などを盛り込んだ「平和十原則」が提唱されました。

ところが、ほどなくしてインドと中国の関係は険悪になります。中国からのチベットの独立を扇動していると危惧《きぐ》されたチベット仏教の指導者ダライ・ラマ14世が、インドに亡命したことで、インドがダライ・ラマ14世の活動を認めているとして中国が非難したのです。加えて、中国と国境が接するカシュミール地方東部の帰属をめぐる対立も浮上します。

そして1962年10月、カシュミール地方で印中国境紛争が勃発し、約1カ月後に中国側の優勢で停戦します。その後、中国がインドと対立するパキスタンとの友好関係を強化すると、インドはこれに対抗して、同じ社会主義陣営でありながら中国と敵対して

カシュミール地方（2020年時点）

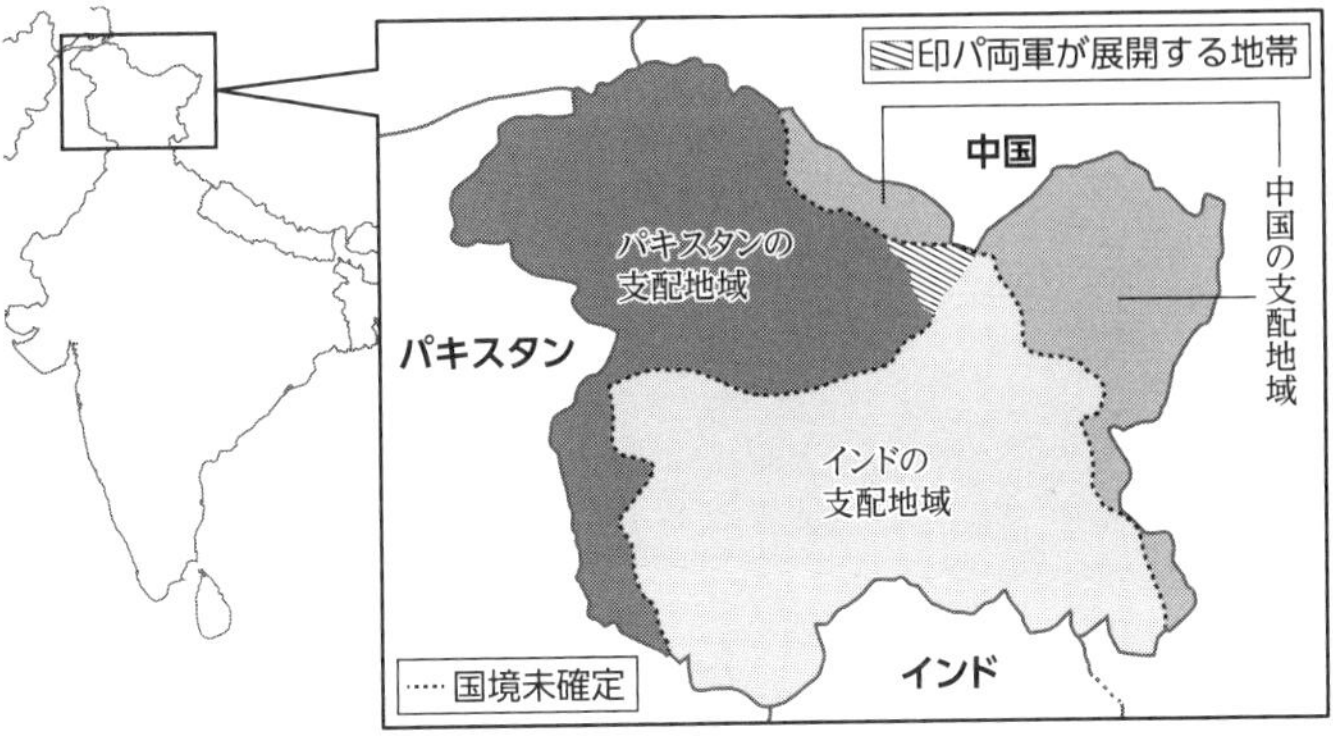

いたソ連に接近します。なお、このときパキスタンを軍事支援していたアメリカと、インドは距離を置いていました。

一方、ジンナーの死後、政情不安定な状態が続いていたパキスタンにおいて、1958年10月にクーデターが発生し、ムスリム連盟が打倒されて軍事政権が成立しています。

1965年8月には印中国境紛争の影響でカシュミール問題が再燃して第二次印パ戦争が勃発しますが、国連の働きかけによって同年9月に停戦しました。その結果、以降のカシュミール地方には、インドとパキスタン、中国が実効支配する地が存在し、3カ国の軍隊が現在でもにらみ合いを続けています。

このころのインドは軍事同盟を結ぶ相手がおらず、パキスタンとそれを支援するアメリカ、および中国の軍事的な脅威に対抗するため、かねてより進めていた原子力の研究を軍事転用し、断続的に核実験をくり返すようになります。

ついに政権が交代

独立前からインドの政治をリードしてきたネルーは1964年5月に死去し、国葬が営まれました。この2年後、ネルーの娘のインディラ・ガーンディーが首相に就任します。ガーンディーは夫の姓であり、「マハトマ」と呼ばれるモハンダス・ガーンディーの一族と血縁関係はありません。それでも、ネルーの一族は現在に至るまでインドの政界で大きな影響力を持ち続けていることから、インドの政治体制は「ネルー・ガーンディー王朝」と呼ばれることもあります。

この時期はインフレによる経済の混乱に加え、農業が盛んなビハール州で発生した干ばつによって深刻な飢饉が広がり、国民の政府への不満が高まっていました。さらに、このころになると、教育制度と経済力の向上によって、中層・下層カーストも政治的な

ネルー・ガーンディー一族の家系図

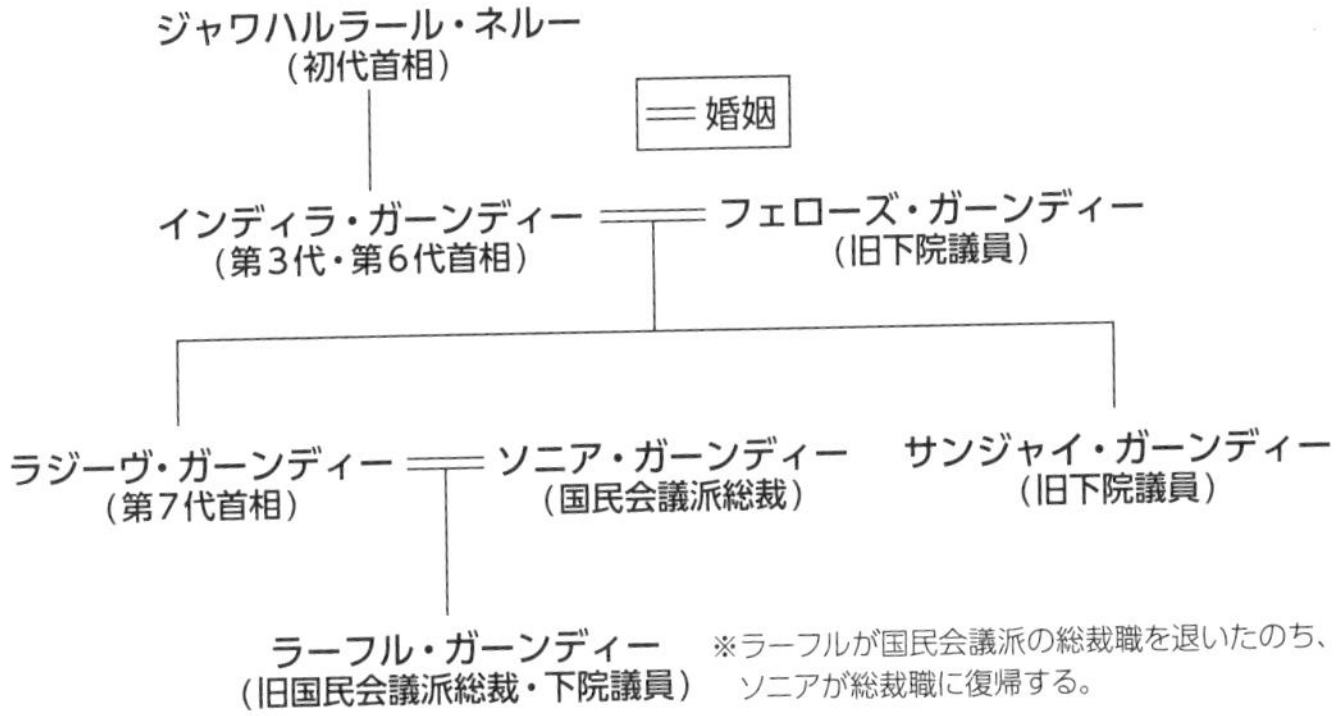

発言力を強めます。こうした事情から、１９６７年の選挙で国民会議派は議席を大幅に減らします。共産党や、ヒンドゥー至上主義を唱えるジャン・サング（インド大衆連盟）が各地で躍進し、いくつかの州政府では国民会議派以外の政党が政権に就き、中央政府と対立するようになります。

非難の矢面に立たされたインディラは事態を打開しようと、「貧乏追放」というスローガンを掲げて１９７１年に行われた選挙を戦い、圧勝して政権を維持します。同年８月にはソ連からの要望を受け入れ、印ソ平和友好協力条約を結びます。なお、この条約では軍事分野を含まない、外交・経済・科学分野での協力をうたっており、あくまで同盟関係ではなく、非同盟中立政策が転換したわけではないと、インディラは主張しました。

経済政策では貿易や価格の統制、主要銀行の国有化、財閥の活動規制といった社会主義的な方針を強化しましたが、民間企業同士の競争による成長が進まず、経済の停滞が続きます。加えて、1973年10月には、中東のアラブ諸国が敵対するイスラエルと友好関係にある国々に圧力を与えるため、石油の輸出価格を大幅に値上げした影響が世界に広がりました。いわゆるオイルショックです。これにより、各国では急激な物価上昇が起こります。インドも例外ではなく、生活が困窮した庶民は反政府運動を展開しました。それに対して、インディラは非常事態宣言を発令するなど強権的な支配を強めます。

インドは、農業政策では一定の成功を収めていました。1960年代のインドは干ばつにおそわれ、食料不足が問題になっていました。そこでパンジャーブ州を中心に、灌漑事業の推進、化学肥料や農薬の普及、新たな品種の導入を目指します。これは「緑の革命」と呼ばれ、インドに先立ち、メキシコやフィリピンでも実施され、成果を出していました。1970年代を通じて小麦や米をはじめとする農業生産は大幅に向上し、インドは食料のほとんどを輸入に頼らず、自給自足できるようになります。そして近年では、小麦と米の生産量はともに世界第2位を誇り（国連の食糧農業機関の２００８年報告より）、輸出できるまでになっています。

それでも強権化した政権に対する国民の不信は解消されず、１９７７年の選挙の結果、インディラに不満を持つ国民会議派の一派やインド大衆連盟などが連合して結成されたジャナター党（人民党）が大勝し、政権を獲得。独立から初めて国民会議派は下野することになります。

近隣の地図が変わる

１９７０年代には、インド近隣でさまざまな変化が起こります。

パキスタンは独立以来、インドの西方に位置する西パキスタンと、ベンガル地方の東パキスタンという二つの地域によって構成されていました。

両地域は遠く離れているので言葉や文化も大きく異なっていました。西パキスタンでは主にウルドゥー語が使われるのに対し、東パキスタンでは主にベンガル語が使われます。人口は東パキスタンのほうが多いものの、首都は西パキスタンに置かれ（１９６０

パキスタンからの分離独立

年までは南部のカラチ、それ以降は北部のイスラマバード）、西パキスタンが政治の主導権を握っていました。

そのため、東パキスタンの住民の不満は大きく、1971年3月に独立を宣言し、新たにバングラデシュ人民共和国を建国します。パキスタン（旧西パキスタン）は西から軍を派遣して独立をはばもうとしたところ、インドがバングラデシュを支援したことで、同年12月に第三次印パ戦争が起こります。インド軍がパキスタン軍を退けると、バングラデシュの独立が国際的に認められました。バングラデシュは、ベンガル語で「ベンガル人の国」を意味します。

同時期、セイロン島でも動きがありました。1948年にイギリスから自治権を獲得したのに続き、1972年に独立し、国名をスリランカ共和国と定めます。スリランカとは、セイロン島で使われているシンハラ語で「聖なる光り輝く島」を意味します。1978年には議院内閣制から大統領制に移行するとともに、スリランカ民主社会主義共和国と改称しました。

このスリランカでも対立が存在しました。住民はシンハラ人が多数を占め、古くから仏教（上座部仏教）を信仰していました。そこへ、茶プランテーションの労働力としてインドからヒンドゥー教を信仰するタミル人がイギリスの植民地時代に移動してきます。しかも、北部には古代から住んでいたタミル人が多数を占める地域もありました。スリランカ政府が先住民であるシンハラ人への優遇策を打ち出すと、不満を持った一部のタミル人が武力を用いた反政府運動を唱え、タミル・イーラム解放のトラ（LTTE）を組織し、シンハラ人や政府軍との対立が始まりました。これにインドは介入し、スリランカのタミル人を支援しました。

また、インドの北東でヒマラヤ山脈に面するネパールとブータンの中間には、17世紀からシッキム王国がありました。1950年にインドの保護領となると、1960年代には親インド派が政権を握り、国民投票の結果、1975年5月にはインドに併合されてシッキム州となります。

1970年代になると、多くの人々がインドを訪れるようになっていました。きっかけとして、インド出身の映画監督であるサタジット・レイの作品などを通して、欧米の文化人の間でインドへの注目度が高まったことがあげられるでしょう。ほかにも、近代的な西洋文明を見直して自然な生き方を求めるヒッピー思想が広がり、アジアの伝統文化や素朴な農村の風景が評価されるようになったためです。イギリスの人気ロックバンドであるビートルズのメンバーはたびたびインドを訪れるとともに、演奏にタブラやシタールといったインド楽器をとり入れました。

この影響もあり、欧米や日本からインドに旅行する若者が増え、ヨガやハーブ、ヒンドゥー教の聖職者が行う瞑想《めいそう》、ガンジス川での沐浴など、インドの生活習慣や宗教文化が世界に広く知られることになりました。

1979年には、インドのカルカッタを中心に、長年にわたって貧民や病人などの支援活動を行っていた功績により、修道女のマザー・テレサがノーベル平和賞を受賞しています。マザー・テレサが1997年にカルカッタで死去すると、オスマン帝国（現在の北マケドニア共和国）出身でありながら、インドで国葬が営まれています。

母親に続いて息子まで

政権に就いた人民党でしたが、地方政党や社会主義を掲げる団体など諸勢力の寄り合い所帯だったので内紛が相次ぎ、政策がなかなか安定しません。そんななかで行われた1980年の選挙で国民会議派が政権を取り返し、インディラが首相に返り咲きました。人民党はその後、分裂を経て再編され、新たにインド人民党が発足します。

二度目のインディラ政権下では、以前からくすぶっていたヒンドゥー教徒とムスリム、シク教徒の宗教対立、中央政府と地方の対立が深刻になります。とくにパンジャーブ州ではシク教徒の過激派が独立を主張し、テロ活動をくり返していました。インド軍は1984年6月、シク教徒の聖地であるアムリトサルの黄金寺院に集まっていたシク教徒を武力制圧します。すると同年10月、シク教徒の過激派が報復としてインディラを暗殺します。指導者を失った国民会議派は、インディラの息子であるラジーヴを新たな指導者として担ぎ上げ、１９８４年の選挙に勝利しました。こうしてラジーヴが首相に就任します。

ラジーヴは元飛行機パイロットで、政治家としての経験は浅かったものの、前例にとらわれない改革を推し進めます。ネルーが首相だった時代から、インドでは国内産業保護のために輸入や外国企業の活動を制限していましたが、ラジーヴは貿易を自由化して、外国の資金を積極的に取り入れ、電子機器の開発など新しい産業を振興しました。また、ソ連寄りの外交方針を改め、アメリカや中国とも友好関係を結びます。

ただ、ラジーヴ政権下でもインド国内の宗教や地域の対立は収まらず、対外的にもパキスタンとの対立が続いたほか、スリランカには政府との合意にもとづき、平和維持軍を派遣します。しかし、ＬＴＴＥとの戦闘が泥沼化し、財政を圧迫しました。なお、スリランカ政府の攻勢によって２００９年にＬＴＴＥは壊滅していますが。それでも、スリランカでの民族と宗教による対立は、現在でも完全に解消されたとはいえません。

政策が行きづまるなか、武器の購入をめぐる疑惑が浮上すると、ラジーヴは国民の非難を浴び、1989年の選挙で国民会議派は大敗します。そして、1988年に結党されたジャナタ・ダルを中心として、共産党などが連立を組むことで新たな政権が発足します。ところが、翌年には連立が解消され、新政権はもろくもくずれ去ります。この時期に重なったのが、1990年8月の湾岸戦争による石油価格の急騰と、インドの対外債務の激増です。外貨が枯渇《こかつ》し、インドは破産寸前に追い込まれました。そのことは経済自由化への強い欲求となりました。

1991年、選挙運動中だったラジーヴが、スリランカ内戦への対応に不満を抱くタミル人の過激派によって暗殺される事件が起こります。ラジーヴの死は国民会議派への同情を集め、同年の選挙の結果、国民会議派が政権に復帰します。南インド出身者として初めて首相となったナラシンハ・ラーオは、インディラ、ラジーヴ政権で大臣職を務めた人物です。

就任すると、それまでの社会主義的な経済政策を根本から改め、経済自由化を進めました。同年には社会主義国の中心的な存在だったソ連が崩壊したこともあり、経済の自由化を支持する世論が広がります。

激化する内外の宗教対立

１９９０年代のインドでは経済のめざましい発展とともに、貧困層の生活向上などの社会改革が進み、１９９７年7月にはコチェリル・ラーマン・ナーラーヤナンが、指定カースト出身者として初めて大統領に就任しています。

それでも依然として宗教対立の問題は根深く、インド人民党を中心としたヒンドゥー至上主義が急速に台頭し、ムスリムを敵視するようになります。１９９２年12月には北部のアヨーディヤにおいて、過激なヒンドゥー教徒の集団がムガル皇帝バーブルの築いたモスクを破壊するという事件が起こっています。このほかにも、各地でヒンドゥー教徒とムスリムの衝突が多発しました。

宗教対立が激化した背景には、独立以来、対立関係にあるパキスタンをはじめ、イランやアフガニスタンといった近隣諸国でイスラーム原理主義が高まってきたことへの警戒、それまでアジアや中東の地域対立を抑えていたアメリカとロシア（旧ソ連）のパワーバランスがくずれたことなどが原因にあげられます。

1998年の選挙結果によって成立したインド人民党政権は、近隣の国々を威嚇《いかく》するように地下核実験を実施したと発表します。すると、インドに対抗して核兵器を開発していたパキスタンが核実験を行い、両国で緊張が高まります。さらに、国際的なイスラーム原理主義テロが広がるなか、パキスタン政府はインドと敵対しつつ、国内では政府と敵対する急進的なムスリムの過激派とも対立することになります。

ヒンドゥー至上主義への国民の反発や貧困層の不満が高まり、2004年の選挙でインド人民党は敗れ、国民会議派を中心とした統一進歩同盟による政権が成立します。このとき国民会議派の代表は、亡きラジーヴの妻であるソニア・ガーンディーでしたが、イタリア出身（1984年にインド国籍を取得）であることを野党に攻められたため、首相就任を辞退し、元財務大臣のマンモーハン・シンが首相に指名されます。シンはシク教徒であり、ヒンドゥー教徒以外の首相は初めてです。

経済学者の身から政界入りし、財務省の要職も歴任したシンが率いる政権のもとで、インドは引き続き好調な経済成長を続けます。2009年の選挙も国民会議派主体の統一進歩同盟が圧勝し、シンは首相に再任されました。ところが、2期目のシン政権は経済改革に消極的な姿勢を示すなか、汚職が発覚し、国民の信頼を失いました。

２０１４年に実施された選挙で勝利したのが、ナレンドラ・モディが率いるインド人民党を中心とした国民民主連合です。モディは著しい経済発展を遂げていたグジャラート州の首相としての手腕が評価されたのをはじめ、公務員の削減や汚職の追放を掲げ、国民の支持を集めました。首相就任後、モディは海外からの投資を呼び込み、製造業の振興をはかるなど「モディノミクス」と呼ばれる構造改革を推し進めます。２０１９年の選挙でもインド人民党は圧勝し、モディが首相に再任されました。

経済自由化政策により、経済成長率は２００２年には3・8%、その翌年には8・4%まで伸び、シンとモディの政権下での２０１０年代まで年率7%前後の高い伸び率を維持しています。２０１９年には、国内総生産（GDP）の総額が、アメリカ、中国、日本、ドイツに次いで世界第5位となりました。

インドの経済成長とその潜在的可能性の要因の一つとしてあげられているのは、人口です。２０００年に10億人を突破し、２０２２年には14億を超えました。国連の推計では、２０５０年まで、インドはもっとも人口増加が大きく、２０２７年ごろには中国を抜いて世界最大の人口になるとされています。着実な経済成長によって、高い購買意欲をもつ中間層が増加し、インド経済を押し上げているからです。

著しい経済発展の一方、モディ政権のもとでのヒンドゥー至上主義の影響が懸念されています。また、2019年にはパキスタン内に潜伏するイスラーム過激派をインド空軍が攻撃し、2020年にはカシュミールでインド軍と中国軍が衝突するなど、対外的なトラブルも続いています。

世界の各地へと進出

現代のインドは、ターターやビルラーなどの財閥が、鉄鋼や金融、自動車ほか多くの産業をリードし、都市部では交通網や生活インフラの拡充が急速に進んでいます。2002年12月には日本のODAによりデリーの地下鉄（デリー・メトロ）が開業しました。

とりわけ大きく発展しているのが、IT分野です。とくに南部のカルナータカ州の州都であるベンガルールは、多くのIT企業が集中することから「インドのシリコンバレー」と呼ばれ、地元IT企業が本社を置くほか、アメリカのグーグルやマイクロソフト、日本のソニーやトヨタといった、外国の大手企業がオフィスを置いています。さらに、インド政府は２０１４年から、全国の通信、教育、行政サービスにＩＴ技術を大々的に取り入れるとともに、新たな雇用を大量に創出する「デジタル・インディア計画」を進めました。

国際的に活躍するインド出身者も多く、アメリカのハーバード大学教授となったアマルティア・セーンは、１９９８年にアジア人で初となるノーベル経済学賞を受賞しました。２０１４年にはサティア・ナデラが、アメリカのマイクロソフトで最高経営責任者に就任し、翌年にはサンダル・ピチャイが、グーグルの最高経営責任者に就任しています。経済のグローバル化が進むなかで、旧イギリス植民地だったインドでは高等教育が英語でなされ、英語を準公用語としている点も、外国企業との取引や海外進出で有利な要素となっています。ＩＴ技術者として日本で働くインド人も多く、在日インド人は２０１９年12月時点で４万人を超えています（法務省在留外国人統計より）。

近年、わたしたちがインドをより身近に感じるようになったボリウッド映画がつくられているムンバイは、インドの経済成長を象徴する都市の一つです。ボリウッドとは、ムンバイの旧呼称であるボンベイとアメリカのハリウッドがかけ合わされた言葉です。ムンバイは、インド最大級の1200万を超える人口を抱え、中央銀行にあたるインド準備銀行の本店や、インド最大の取引所であるボンベイ証券取引所が置かれています。

1990年代以降、このムンバイをはじめとして、インドの各都市が植民地時代に使われていた呼称を現地の発音に近い形へと改称しています。改称はイギリスの植民地だったという過去からの脱却を意味しているともいえます。

インドには、現在も、カーストにもとづいた就労差別や結婚差別が存在します。女性の低い地位、上下水道をはじめとする生活インフラの貧弱さ、ヒンドゥー教やイスラーム教、シク教などの宗教対立という難しい問題も抱えています。しかし、そうした古くからの諸問題と向き合いながらも、インドはめざましい経済発展とそれにともなう社会変化を成し遂げつつあります。数十年後のインドは、いったいどのような社会を実現しているのでしょう。

知れば知るほどおもしろいインドの偉人❻

インドを世界に紹介した映画監督

サタジット・レイ

Satyajit Ray

（1921～1992）

国際映画祭で数々の賞を受賞する

カルカッタ出身のレイは、詩人であるタゴールの私学校（現在のタゴール国際大学）で美術を学び、青年期は広告会社のデザイナーとして働きました。

1947年にカルカッタで映画協会を設立し、映画上映を行っていた際、インドを訪れたフランスの映画監督ジャン・ルノワールの仕事を手伝ったことを機に、映画監督を目指すようになります。1955年、初の監督作品としてベンガル人の子ども、オプーの日常を描いた『大地のうた』を発表し、フランスのカンヌ国際映画祭でベスト・ヒューマン・ドキュメンタリー賞を受賞します。

その後は、成長後のオプーを主人公とする『大河のうた』『大樹のうた』、第二次世界大戦中のベンガル人の生活を描いた『遠い雷鳴』といった作品を手がけました。

作品は高く評価されており、世界三大映画祭での受賞のほか、アカデミー名誉賞を受賞しています。

インドの主な王国・王朝

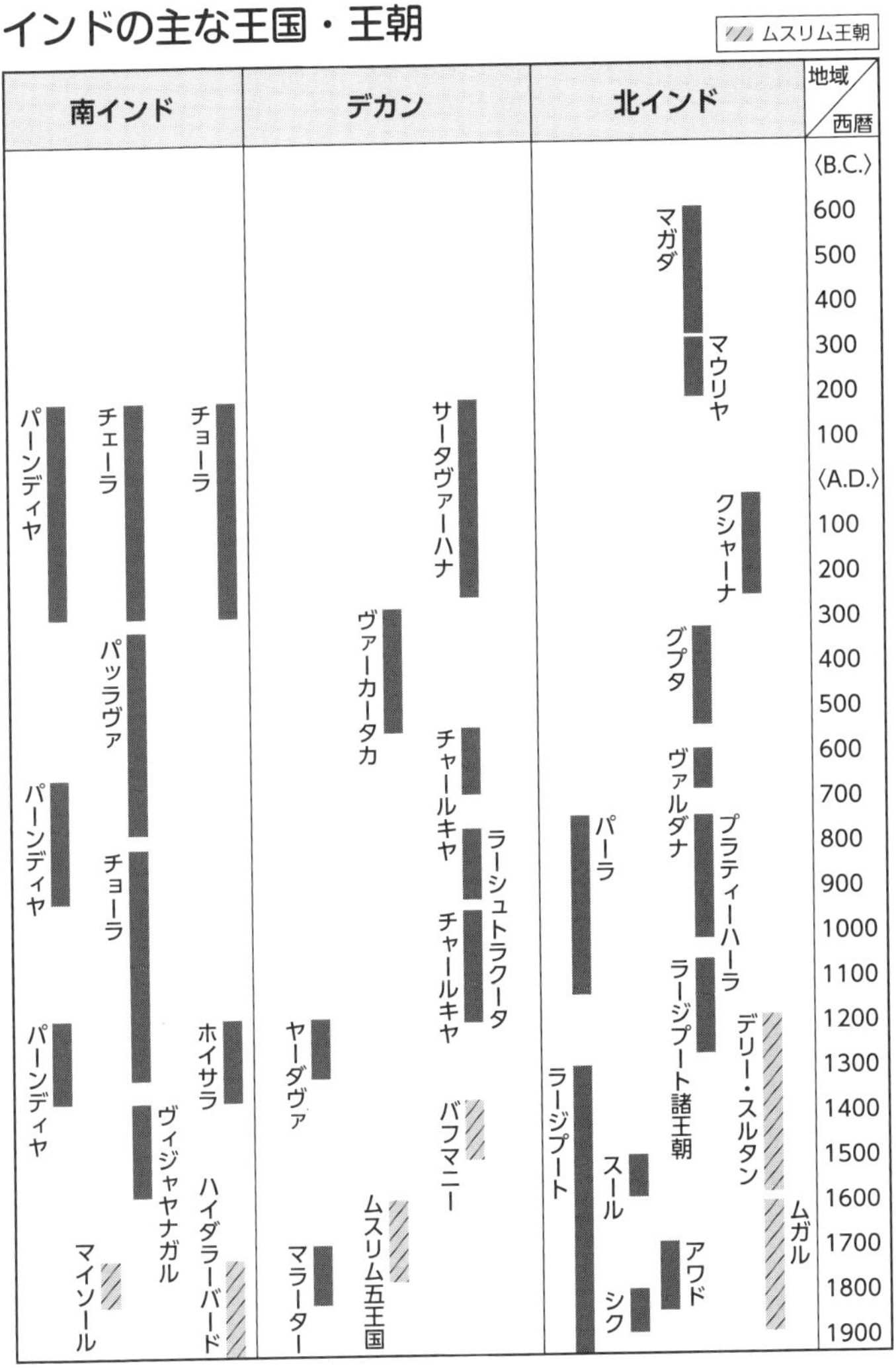
ムスリム王朝
南インド
デカン
北インド
地域
西暦
〈B.C.〉
600
500
400
300
200
100
〈A.D.〉
100
200
300
400
500
600
700
800
900
1000
1100
1200
1300
1400
1500
1600
1700
1800
1900
マガダ
マウリヤ
クシャーナ
グプタ
ヴァルダナ
プラティーハーラ
パーラ
ラージプート諸王朝
デリー・スルタン
ラージプート
スール
ムガル
アワド
シク
サータヴァーハナ
ヴァーカータカ
チャールキヤ
ラーシュトラクータ
チャールキヤ
ヤーダヴァ
バフマニー
ムスリム五王国
マラーター
パーンディヤ
チェーラ
チョーラ
パッラヴァ
パーンディヤ
チョーラ
パーンディヤ
ホイサラ
ヴィジャヤナガル
ハイダラーバード
マイソール

ひみつコラム

インドの国旗

国旗に込められている融和への思い

　イギリスから独立する前の月にあたる１９４７年７月22日、インドの国旗は制定されました。当時は独立に際して宗教間の対立が激化していた最中にあり、インドの国旗からは融和への強い願いが見てとれます。

　三色旗のサフラン色は勇気などを、緑色は豊穣などを、その間の白色は平和などの意味を持ちます。また、サフラン色はヒンドゥー教、緑色はイスラーム教、白色はそのほかの宗教を表しているともされます。そして国旗中央の紋章は、マウリヤ朝のアショーカが各地に建てさせた石柱碑の柱頭に描かれていたチャクラ（法輪）がもとになっています。これは、博愛をうったえたアショーカの精神を表現しています。

　インドから分離独立したパキスタンの国旗でもイスラーム教を象徴する緑が使われ、そこに描かれた三日月は進歩と発展を、星は光明と知識を表現するとともに、やはりイ

〈インド国旗〉

上段：サフラン色
中段：白色
下段：緑色

〈パキスタン国旗〉

右側：緑色
左側：白色

〈バングラデシュ国旗〉

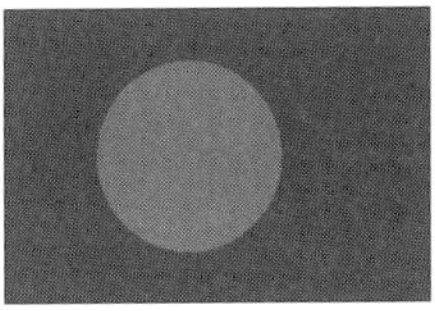

丸：赤色
全体：濃い緑色

スラーム教を象徴しています。白色は平和のほか、ムスリムと非ムスリムが一つになっていることを表しています。

バングラデシュの国旗は、色づかいこそ異なりますが日本の国旗と似ています。これは偶然ではありません。初代大統領が日本のように発展したいという願いを込めてデザインをとり入れたといわれています。赤丸は太陽と独立時に流れた血を、緑色は豊かな大地とイスラーム教を象徴しています。この緑色がパキンスタンの国旗の緑よりも濃いのは、パキスタンと区別するためとされています。

なお、「●」が少し左側に寄っているのは、国旗が風になびいている際、「●」が旗の真ん中に見えるための工夫からです。

インドの歴史 年表

この年表は本書であつかったインドを中心につくってあります。

下段の「世界と日本のできごと」と合わせて、理解を深めましょう。

年代	インドのできごと	世界と日本のできごと
〈紀元前〉		
2600年ごろ	インダス文明が興り、発達する	世界 エジプト文明が成立（3000年ごろ）
1500年ごろ	アーリヤ人がインドへの進出を開始	世界 殷が成立（1500年ごろ）
1000年ごろ	『リグ・ヴェーダ』が成立	世界 ソロモン王が即位（960年ごろ）
6世紀ごろ～	十六王国が割拠	世界 孔子が誕生（551年ごろ）
5世紀ごろ	仏教とジャイナ教が創始	世界 デロス同盟が結成（478年ごろ）
326	アレクサンドロス大王がインド西北部に進出	世界 アケメネス朝ペルシア滅亡（330）
317	マウリヤ朝が成立	世界 プトレマイオス朝が成立（304年ごろ）
3世紀	アショーカがインド亜大陸をほぼ統一	世界 第一次ポエニ戦争開始（264）
	タミル三王国が並立（南インド）	世界 秦が中国を統一（221）

1世紀	サータヴァーハナ朝が成立（デカン）	世界 イエスが誕生（4年ごろ）
〈紀元〉		
1世紀	クシャーナ朝が成立（北インド）	日本 奴国王が後漢に使節を派遣（57）
4世紀	グプタ朝が成立（北インド）	世界 ミラノ勅令が発布（313）
	二大叙事詩が成立	世界 朝鮮半島の三国が並立（350年ごろ）
4〜5世紀ごろ	ヒンドゥー教が成立	世界 ゲルマン人の大移動（375年ごろ）
6世紀	チャールキヤ朝が成立（デカン）	世界 ムハンマドが誕生（570年ごろ）
	パッラヴァ朝が成立（南インド）	日本 仏教が伝来（538または552年ごろ）
606	ヴァルダナ朝が成立（北インド）	日本 遣隋使を派遣（607年ごろ）
630	中国僧の玄奘が入朝	日本 最初の遣唐使を派遣（630）
7世紀	アジャンター石窟群の造営が終わる	日本 壬申の乱（672）
9世紀	チョーラ朝が成立（南インド）	世界 キエフ大公国が建国（882）
10世紀ごろ	エローラ石窟群の掘削が終わる	日本 承平天慶の乱（940年ごろ）
1025年ごろ	チョーラ王が東南アジアへ遠征	世界 セルジューク朝が成立（1038）
12世紀	ゴール朝が成立（北インド）	世界 ポルトガル王国が成立（1143）

年代	インドのできごと	世界と日本のできごと
1206	奴隷王朝が始まる（北インド）	日本 北条時政が初代執権に（1203）
1336	ヴィジャヤナガル王国が建国（南インド）	世界 第一次百年戦争（1339）
1347	バフマニー朝が成立（デカン）	世界 欧州でペスト流行（1350年ごろ）
15〜16世紀	シク教が成立	日本 嘉吉の乱（1441）
1526	ムガル帝国が成立	世界 インカ帝国が滅亡（1533）
17世紀	イギリス東インド会社がインドに進出	世界 ピューリタン革命が開始（1642）
17〜18世紀	ムガル帝国が最盛期を迎える	日本 享保の改革が開始（1716）
1857	インド大反乱が起こる	世界 クリミア戦争が始まる（1853）
1858	ムガル帝国が滅亡	日本 日米修好通商条約を締結（1858）
	インド統治法が成立。インドがイギリス領に	世界 南北戦争が始まる（1861）
1885	インド国民会議派が結成	日本 大日本帝国憲法が公布（1889）
1906	ムスリム連盟が結成	日本 日露戦争が始まる（1904）
1930	塩の行進が行われる	世界 世界恐慌が発生（1929）
1935	新インド統治法が成立	日本 日中戦争が始まる（1937）

1942	クイット・インディアを開始	世界 第二次世界大戦が始まる（1939）
1947	インドが独立	日本 日本国憲法が公布（1946）
	第一次印パ戦争が勃発	世界 パキスタンが分離独立（1947）
1948	ガーンディーが暗殺される	世界 ジンナーが死去（1948）
1950	インド憲法が施行	世界 朝鮮戦争が始まる（1950）
1962	印中国境紛争が勃発	世界 キューバ危機（1962）
1965	第二次印パ戦争が勃発	日本 東京五輪が開催（1964）
1971	第三次印パ戦争が勃発	世界 バングラデシュが建国（1971）
1974	初めて核実験を行う	世界 ベトナム戦争が終わる（1975）
1977	国民会議派が初めて政権を失う	日本 日中平和友好条約に調印（1978）
1984	インディラが暗殺される	世界 イラン・イラク戦争が始まる（1980）
1991	ラジーヴが暗殺される	日本 消費税の導入（1989）
	経済の自由化が始まる	世界 湾岸戦争（1991）
2004	統一進歩同盟による政権が始まる	世界 イラク戦争が始まる（2003）
2014	国民民主連合による政権が始まる	日本 東日本大震災が発生（2011）

参考文献

『詳説 世界史研究』木村靖二、岸本美緒、小松久男編(山川出版社)
『山川詳説 世界史図録』木村靖二、岸本美緒、小松久男監修(山川出版社)
『世界各国史７ 南アジア史』辛島昇編(山川出版社)
『新版 南アジアを知る事典』辛島昇、前田専学ほか監修(平凡社)
『インドを知る事典』山下博司、岡光信子(東京堂出版)
『古代インド』中村元(講談社学術文庫)
『世界の歴史〈６〉古代インド』佐藤圭四郎(河出文庫)
『世界の歴史〈３〉古代インドの文明と社会』山崎元一ほか(中公文庫)
『南アジアの歴史 複合的社会の歴史と文化』内藤雅雄、中村平治編(有斐閣)
『世界歴史大系 南アジア史２ 中世・近世』小谷汪之編(山川出版社)
『世界歴史大系 南アジア史３ 南インド』辛島昇編(山川出版社)
『世界史リブレット ムガル帝国時代のインド社会』小名康之(山川出版社)
『世界の歴史〈14〉ムガル帝国から英領インドへ』水島司、佐藤正哲、中里成章ほか(中公文庫)
『世界の歴史〈19〉インドと中近東』岩村忍、勝藤猛、近藤治(河出文庫)
『世界の歴史〈27〉自立へ向かうアジア』狭間直樹、長崎暢子(中公文庫)
『世界史リブレット イギリス支配とインド社会』粟屋利江(山川出版社)
『インド現代史(上巻)』ラーマチャンドラ・グハ著、佐藤宏訳(明石書店)
『世界の統計 2020年版』(総務省統計局)
『図解雑学 大発見！ あなたの知らない世界地図』(ナツメ社)
『全世界史 下巻』出口治明(新潮文庫)
『10の「感染症」からよむ世界史』脇村孝平監修(日経ビジネス人文庫)

[監修]
水島司（みずしま・つかさ）
1952年、富山県生まれ。東京大学名誉教授。博士（文学）。専門は南アジア史。『前近代南インドの社会構造と社会空間』（東京大学出版会）や『インド・から』（山川出版社）、『世界の歴史〈14〉ムガル帝国から英領インドへ』（中公文庫：共著）など著書多数。1996年よりNHK「高校講座 世界史」などで30本以上の歴史番組を担当。

編集・構成／造事務所
ブックデザイン／井上祥邦（yockdesign）
文／菅沼佐和子、前原利行、佐藤賢二
イラスト／suwakaho
写真／〈p4〉NV Studio/Shutterstock.com
〈p5上〉Dmitry Kalinovsky/Shutterstock.com
〈p5下〉Fabio Lotti/Shutterstock.com

世界と日本がわかる　国ぐにの歴史

一冊でわかるインド史

2021年５月30日　初版発行
2024年１月30日　５刷発行

監　修　水島司

発行者　小野寺優
発行所　株式会社河出書房新社
〒151-0051
東京都渋谷区千駄ヶ谷2-32-2
電話03-3404-1201（営業）
03-3404-8611（編集）
https://www.kawade.co.jp/
組　版　株式会社造事務所
印刷・製本　TOPPAN株式会社

Printed in Japan
ISBN978-4-309-81109-3

落丁本・乱丁本はお取り替えいたします。
本書のコピー、スキャン、デジタル化等の無断複製は著作権法上での例外を除き禁じられています。本書を代行業者等の第三者に依頼してスキャンやデジタル化することは、いかなる場合も著作権法違反となります。

「世界と日本がわかる 国ぐにの歴史」シリーズ